흔적

흔적

임낙호 수필집

울울창창 숲의 사연은 문장이 되고 글이 된다.
문학의 산도 멀리서 바라보면 생명의 신비가 깃든 일상이 된다.

수필과비평사

■ 책머리에

아침 이슬이 스러지듯 시간은 참 빠르게 지나간다. 나는 아침에 틈이 날 때마다 뒷산에 오른다. 신선한 공기 속의 맑고 영롱한 이슬을 만나기 위해서다. 이슬은 증발하여 구름이 되고 그 구름이 모여서 물방울이 되고 빗물이 된다. 그리고 마침내 강물로 흘러 바다를 이룬다.

울울창창 숲의 사연은 문장이 되고 글이 된다. 마음을 담은 미사여구의 산이 된다. 문학의 산도 멀리서 바라보면 생명의 신비가 깃든 일상이 된다.

아름답지만 오르기는 쉽지 않은 게 산의 생리다. 준비 없이 오르는 산은 더 말할 나위도 없다. 갈증만 더해줄 뿐인 게 산행이다. 하지만 시간을 두고 천천히 오르다 보면 어느새 눈이 밝아지고 귀가 청량해진다. 코끝에 스치는 바람결이 상큼하니 얼굴 표정 또한 순해진다.

하나씩 보물을 가슴에 담아 끌어당겨 본다. 당김은 형체를 알 수 없이 허공으로 흩어진다. 연이나 허황된 꿈의 날갯짓은 아니었는지 되돌아본다. 그러나 걷고 또 걷다 보면 푸근한 오솔길이 보이듯 수필의 길이 보일 것이란 희망의 끈을 놓지 않고 발걸음을 옮긴다.

아직도 종말이 묘연한 코로나19 팬데믹으로 일 년 반이 넘도록 혼란의 수렁 속에서 허덕이고 있다. 어둠이 걷힐 줄 모르고 있다. 때문에 우리들의 생활은 팍팍해져만 간다. 정의는 거꾸로 가고 부정이 보편적인 듯 틀어진 세태 앞에 과연 희망의 빛이 있기는 있는 걸까. 우리가 살아 볼 세상은 있는 것이며 후예들의 삶은 보장받을 수나 있는 것인가.

문학이라는 순수가 경제 논리의 광풍에 휘말리는 것만 같아 안타깝기 그지없다. 그래도 틈새에 문학이란 희망을 심어 나가면 싹이 트고 자라서 꽃밭이 되리라는 믿음을 가지고 필을 잡았다.

밤마다 뒤엉킨 생각들을 풀어 보려고 책상 앞에 앉아 보지만 허공으로 흩어지고 핵심 없는 변죽만 울리다 하얀 아침을 맞는 날들의 연속이었다. 고요 속으로 나 자신을 끌어들였을 때 희열의 순간도 맞이할 게다. 이 순간, 진솔해지는 나를 발견하는 시간은 행복감을 준다. 행복은 고뇌와 반성의 바탕 위의 피어나는 조그만 꽃이다. 그 꽃을 위해 아쉬웠던 삼 막을 넘어 사 막의 무대는 더 결 좋은 씨앗을 올려 보겠다는 다짐을 해본다.

오늘은 산에 올라 서산으로 지는 노을을 바라본다. 조그만 수필의 씨앗으로도 이 세상이 아름다운 행복에 젖어 있기를 소망한다.

가르침을 아끼지 않으신 두 분 선생님께 감사드린다. 응원해 주신 문우님들, 지인들 역시 고맙다. 힘이 되어준 가족들에게도 고맙다는 말을 전한다.

2021년 6월에

요산 임낙호

■목차

제2부
세시 풍정

제3부

꽃비 내릴 때

제**4**부

삶의 발자취

제5부

산의 정기

제1부 창문을 열면

창문
굴뚝
하루
용고새
방황의 시간
보이지 않는 절
멀국과 국물
문門
코로나 설 풍경
폭염

창문

눈이 내린다. 창문을 통해 나푼대는 흰 눈을 바라본다. 커피잔을 들고 서성이다가 내다본 새하얀 바깥세상! 찻잔에서 피어오르는 아련한 커피 향에 사념이 오롯이 고개를 든다. 우리는 창문을 통해 세상을 보고 마음의 숨을 쉰다. 창문이 없으면 사람은 눈이 멀고 질식할지도 모른다. 반면 벽은 나누거나 단절시키는 역할을 한다. 때문에 문명은 차단된 그 벽을 뚫어 두 공간을 효율적으로 이용할 수 있도록 지혜를 모아 창문을 마련했다.

한 채의 건물이 서려면 수많은 과정을 거친다. 이를 건설에서 쓰는 용어로 공정工程이라 하는데, 터파기 공사부터 골조공사, 창호공사, 전기공사, 설비공사 그리고 마감공사 등이 있다. 어느 하나 쉬운 과정은 없다. 그중에 창호공사는 특히 어렵다. 창호는 문과 창문으로 대별된다. 문은 외관보다는 출입을 편하게 하는 게 우선이다. 그에 비해서 창문은 어느 위치에서 제 기능을 다할지, 어떤 모양으로 설치되어야 외부와 소통이 원활할지, 그리고 외관상 미적 수준도 세심하게 고려해야 한다.

시공과정에서도 여러 난관을 넘어야 한다. 골조 공사 후에 시공하는 창호는 설계도와 딱 맞추기가 쉽지 않다. 공정 간 코디네이션이 중요하다. 딱 맞는 창문의 위치와 크기를 찾아야 하기 때문이다. 높은 곳에 창문을 낼 때는 위험도가 극에 달한다. 안전을 최우선으로 진행하지만, 내가 소장으로 일하던 현장에서 실제로 추락사고가 있기도 했었다. 수많은 공정을 거친 아름다운 창을 볼 때면 사람과 사람 사이의 가깝고 두터운 정분을 떠올린다. 사람 사이에도 벽이 있으면 안 되고 없어도 곤란하다. 너무 가까워지면 사생활이 침해되고, 너무 멀면 소원해진다. 적당한 거리에 마음의 창을 마련했을 때 좋은 관계가 오래도록 유지된다. 건축에서도 적당한 거리를 유지해주는 것이 창문이다. 창문에 대해 골똘하다가 요나스 요나슨의 장편 소설 《창문 넘어 도망친 100세 노인》이 생각나서 다시 꺼내 읽었다. 주인공은 100번째 생일에 양로원 창문을 넘어 도망쳤다. 그는 창문을 탈출구로 인식했던 모양이다. 주인공 알란 칼손이 탈출엔 성공했지만 갈 곳이 막연했다. 대책 없이 무작정 창문을 넘어 도망쳤기 때문이리라. 그는 자의 반 타의 반으로 도둑질과 살인까지 저지르고 만다. 이처럼 가끔은 그릇된 욕망이 창문을 들락거리기도 한다. 대학 시절, 나의 하숙방을 털어간 도선생도 창문으로 들어왔다. 외출했다가 밤늦게 돌아와 방문을 열고 불을 켜려는 순간 사위스러운 냉기가 온몸을 휘감았다. 섬뜩했다. 그때 열린 창문으로 사라진 번개보다 빠른 괴물체, 어두운 방 앞에서 넋이 나간 듯 한동안 우두커니 서 있었다. 한참 지난 후에야 안채의 주인 방을 향해 소리쳤다. "도둑이야, 도둑!" 그리고는 불을 켜고 창문을 걸어 잠갔다. 사위스러운 욕망을 차단하고서야 무섬증이 엄습하기 시작했다. 식은땀이 등줄기를 타고 흘러내렸다.

당시에는 생계형 좀도둑들이 기승을 부리던 시절이었다. 그 일이 있은 후 문단속과 창문 단속이 몸에 배어버렸다. 결국 그곳에서 더 지내지 못하고 다른 곳으로 이사를 했다. 결혼해서도 아파트가 흔치 않던 때인지라 단독주택에서 살았다. 부모님과 함께 살다 나와서 우리 부부끼리만 살림하게 되니, 내가 출근을 하고 나면 아내는 허전하고 무섭다고 했다. 나는 겉으로는 걱정을 누른 채 태연자약했지만, 창문을 걸어 잠그라 하고 가능하면 일찍 퇴근했다. 요즘 말로 '칼퇴근'을 한 셈이다.

1년 후 잠실 주공아파트를 사서 이사를 했다. 지금 생각해 보면 참으로 비좁고 보잘것없는 집이었지만, 서울에서 내 집을 처음으로 갖게 되니 황실 궁궐이 부럽지 않았다. 특히 창문이 좋았다. 4층에서 창문을 통해 내다본 시가지는 참으로 경이로웠다. 잠실 학생체육관이 한눈에 들어오고, 뒤 베란다 너머에선 유유히 흐르는 한강 물줄기가 꿈을 싣고 넘실댔다. 시골집 창밖의 풍경은 온통 들판과 산뿐이었는데, 아파트 창문에서 내려다본 도시의 풍경은 콘크리트 숲과 자동차의 대열이 꼬리를 물었다. 단지 내에는 일정 비율의 녹지 공간이 확보되어 있기에 시원한 바람이 창문으로 들어오기도 했다. 5월의 싱그러움이 창문을 노크하면, 나는 돌 지난 아들을 데리고 산책하러 나갔다. 꼬마는 아장아장 뒤뚱뒤뚱 잔디밭을 마냥 걸어 다니며 티 없이 웃고 다녔었다.

창문을 살며시 열어 본다. 세상과 소통할 수 있는 창문! 인류는 그 창을 통해 미래를 내다보며 부단히 발전해 왔다. 사람의 창窓이 눈目이고, 건물의 눈이 창문이 아닌가 한다.

굴뚝

친구들과 무의도에 갔었다. 공항철도를 타고 인천공항까지 가서 자기 부상 열차로 갈아타면 용유도에 도착하게 된다. 거기서 하나개해수욕장으로 가는 버스를 타고 무의도에 도착한다. 섬이지만 어촌이라기보다는 산촌에 가깝다.

그곳에서 즐기다 보니 어느덧 저녁 무렵이 되었다. 해가 바다를 붉게 물들이고 민가에서 뽀얀 연기가 피어오르고 있었다. 문득 무언가 그리워졌다. 나무를 때어 저녁밥을 짓는 그런 풍경은 요즈음 도시에서는 보기 드물다.

굴뚝에서 연기가 꼬리를 흔들면서 흩어졌다. 흩어지는 연기는 어릴 적 시골집으로 나를 데려갔다. 해가 기울어가는 저녁이 되면 집집마다 굴뚝에서는 연기가 뭉게뭉게 밀려 나왔다. 조금 지나면 연기는 차츰 옅은 색으로 변하고 이집 저집에서 동구 밖 아이들을 부르는 소리가 요란했다. “어서 들어와, 저녁 먹어라!” 그러면 너나없이 놀이를 멈추고는 뒤도 돌아보지 않고 각자의 집으로 내달렸다. 이내 굴뚝의 연기도 자취를 감춘다.

고향에서 자랄 때의 굴뚝은 참 정겨웠다. 우리 집 뒤란 쪽으로 난 굴뚝은 지붕에서 한참이나 높이 솟아올라 동네 어디서나 연기도 잘 보였다. 굴뚝 곁에는 우리의 놀이기구를 담아두는 창고 같은 곳이 있었다. 자치기 막대기들, 팽이, 제기, 썰매, 공 등이 그득했다. 그래서 형과 나는 굴뚝 옆을 자주 들락거렸다.

어릴 적 정겹기만 하던 굴뚝이 사라지고 있다. 세월 따라 사라져가는 것들이 어디 굴뚝뿐이랴만, 유독 굴뚝을 보면 옛 생각이 아련하기만 하다. 도시에는 아파트가 우후죽순처럼 솟아나고 시골에도 주택 개량과 더불어 연료의 변화로 굴뚝은 자취를 감췄다. 자취를 감추었다기보다는 건물 속으로 숨어버렸다. 건축의 현대화로 건물의 형태가 다양해지면서 굴뚝의 형태도 변한 것이다. 이제 연기가 모락모락 피어오르던 굴뚝에 대한 추억은 연기처럼 흐려져 간다.

좀더 자라 중심도시로 진학하면서 만난 굴뚝은 고향의 그것과는 다른 것이었다. 학교 가는 길에 큰 방직공장이 있었는데 수많은 여공이 끊임없이 들락거렸다. 그 공장의 중앙에는 흰색과 붉은색의 띠를 두른 높은 굴뚝들이 서 있었다. 아침에 등교할 때도 오후에 하교할 때도 항상 하얀 연기가 뿜어져 나왔다. 회사 정문으로 여공들이 밤이고 낮이고 밀려들어 가고 밀려 나가고 굴뚝에서는 언제나 연기가 뿜어져 올라갔다.

당시 방직공장뿐 아니라 제철공장, 비료공장, 석유화학공장, 정유공장, 시멘트공장 그리고 초기 전자공장 등에서 나온 연기는 경제발전의 증표였다. 다른 나라는 100년에도 이루기 어려운 경제발전을 우리는 굴뚝산업의 힘으로 단 30년 만에 이루어 중진국으로 도약했다. 이어 세계 10대 경제대국으로 우뚝 일어섰다.

그런데 지금은 어떤가. 굴뚝산업은 공해를 일으키는 환경오염의 주범으로 인식되어 안타깝다. 아직은 굴뚝을 기반으로 한 우리의 산업이 필요하지 않나 싶다.

어른이 되어 만난 굴뚝은 나와 가족의 엄중한 생존수단이었다. 모 회사 자동차 공장의 신차 생산라인을 건설하는 현장에서 일했던 적이 있었다. 굴뚝은 빼놓을 수 없는 주요 공사 중 하나였다. 당시에 굴뚝의 높이가 아파트 30층보다 높았던 것 같다. 전문 업체의 손을 빌려야만 시공할 수 있는 일이었다. 발주에서 시공, 준공까지 일은 지난했다. 어쩌다 굴뚝에 올라가 꼭대기에서 아래를 내려다보면 아득하고 현기증이 났다. 그래서 아무나 올라가기 어려운 일이기도 했다. 사람은 10미터의 높이에서 고소공포증을 가장 크게 느낀다는 연구 결과가 있지만, 내 경우에는 더 높은 곳이 더 공포를 느끼게 하는 것 같았다. 설상가상으로 그 무렵 한 친구의 사고 소식을 들었다. 건축을 같이 공부한 친구인데 지방의 현장 굴뚝공사 중에 추락했다는 것이다. 가슴이 철렁 내려앉았다. 요즈음 건설현장에서는 안전을 최우선으로 하지만 당시에는 공기工期 지키기가 더 중요하다고 생각하는 경향이 컸었다.

이제 은퇴자에게 굴뚝은 추억거리이다. 정보사회를 사는 젊은 이들은 굴뚝을 환경오염의 주범으로 여긴다. 그러나 건축가로서 공업이 중심인 시절을 살아온 나는 아직 굴뚝에 대한 미련이 많다. 영등포 근처를 지날 때면 어김없이 사라진 맥주공장 굴뚝이 생각난다. 도시가 점점 비대해지면서 도심에서 밀려난 공장이 철거되어 굴뚝도 볼 수 없게 되었다. 건축학회 측에서는 굴뚝만은 보존하자는 의견도 있었다. 그러나 안전을 이유로 그마저도 없애 버린 것이 못내 아쉽다.

일본의 삿포로에는 삿포로 팩토리가 있다. 옛 맥주공장의 흔적을 살려 복합 문화공간으로 활용하고 있는 곳이다. 옛 공장의 시커먼 굴뚝이 아직도 그대로 우뚝 서 있어서 좋다. 다른 사람들도 그곳을 배경으로 기념사진을 찍는다. 우리도 그런 흔적이라도 하나 남겼다면 좋으련만….

굴뚝의 존재는 시대를 초월하여 생명을 이어가는 데 필수 요소이고 문명 발전의 도구이자 상징이다. 풍요의 상징이며 나아가 나라를 떠받치는 기둥이 아닌가 싶다. 형태는 바뀔지라도 미래에도 굴뚝은 나라의 기둥으로 우뚝 서 있을 것이다.

오늘도 버스의 창가에 기대앉아 저만치 높은 굴뚝의 연기를 바라본다.

하루

장미가 눈부시게 피어 있었다. 병원에 다녀오는 길에 대학교 교정을 지나다가 눈부시게 핀 장미꽃 아치와 마주했다. 뜻밖의 장미꽃들을 만난 것이다. 장미꽃은 자주 보았지만 오늘 만난 꽃은 어느 때보다 화려했다. 일산 호수공원 장미보다, 송도 장미공원보다 규모는 작으나 훨씬 아름다워 보였다. 꽃들도 쏟아지는 햇빛을 감당하지 못하는 듯했다. 스마트 폰에 여러 컷을 정신없이 쓸어 담았다. 청순한 여인이라기보다는 당당한 귀부인의 모습이었다. 정비석의 소설 《자유부인》에 등장하는 대학교수 장태연의 부인 오선영 모습이 더욱 강렬하게 다가왔다. 그 주변을 오가는 생기발랄한 젊은이들의 모습 같기도 했다. 눈부신 햇빛에 젖어 붉디붉은 핏방울이 뚝뚝 떨어질 것만 같았다. 한참을 바라보며 넋을 잃고 있었다. 아침부터 내가 왜 이럴까, 어린애처럼! 총총 발길을 호숫가 쪽으로 옮겼다.

6개월마다 정기적으로 병원을 간다. 진료와 약 처방을 받고 집으로 오는 길이었다. 몇 년 전 명절 끝에 아들네 가족을 배웅하러 터미널에 갔다가 갑자기 쓰러져 응급실로 이송돼 스텐트 시술을 받았었다. 그 후로 심혈관질환 약을 복용하고 있다. 요즘은 큰 탈이 없어 6개월마다 병원을 찾아 진찰을 받고 약 처방을 받는다. 몇 년을 다니다 보니 주치의도 간호사도 먼저 인사한다. "얼굴이 좋아지셨어요. 살이 좀 찌셨어요." 며칠 전 보건소에서 혈당 측정을 받았는데 당화 혈색소가 조금 떨어졌으나 식전·후 혈당은 큰 차이 없이 오르내렸다. 정상 기준치보다는 높아서 걱정이 되었는데, 의사는 잘 관리하고 있다며 안심을 시킨다. 어쨌든 염려를 했었는데 좀 안심이 되었다. 그래도 늘 긴장과 염려는 마음 한구석에 자리 잡고 있다. 헤르만 헤세가 죽음의 씨앗도 어머니 뱃속에 잉태할 때부터 함께 잉태한다는 구절이 생각났다.

운동도 할 겸 걸어서 1시간 만에 이사할 집에 도착했다. 아내는 미리 부엌살림을 옮겨 정리 중이었다. 오래된 대부분의 가구들은 버리고 새 것들로 교체했다. 옷장, 책상, 에어컨 등등. 그리고 새

아파트의 몇 곳은 구조물을 제외한 구석구석을 우리 입맛에 맞게 고쳤다.

저녁 시간이 되어서야 사는 집으로 돌아와 보니 도깨비가 놀다 간 듯이 어수선하고 마음은 심란했다. 버릴 물건과 잡동사니는 계속 내다 버렸다. 경비 아저씨에게 먼저 필요한 것이 있으면 가져가라고 했더니 에어컨, 냉장고, 책상 운동기구 등 모두 가져간단다. 그리고 책도 많이 버렸다. 뒤늦게 책을 좋아한다는 미장원 원장 생각이 나서 남아있던 수필집, 소설, 키케로의 《의무론》이란 철학책 등 여러 권을 가져다 주었다.

제주도에서 슬로 여행을 하겠다며 떠난 친구들로부터 전화가 왔다. 내가 동참하지 않으면 '앙꼬 없는 찐빵'이라는 듯 구애하던 귀한 친구들인데 천지연 폭포수 아래서 마라도를 갈까 말까 한다고 전한다. 나 역시 동행하지 못한 아쉬운 마음이 더 컸는데 이사 시기와 겹쳐 나는 망부석이 되고 말았다. 부디 친구들이여, 내 몫까지 즐기고 맛난 음식도 먹고 오라고 했다. 제주도의 바람도 콧속으로 깊숙이 마시고, 폐 속의 쓰레기도 깨끗이 남해 바다에 던져버리고 활기를 찾아 왔으면 좋겠다고 했다. 폐렴으로 고생하는 친구를 위해 떠난 여행이었기에 나의 간절함도 컸다.

질투라는 단어가 생각났다. 대학 시절, 중등학교 학생들을 지도하던 때가 떠올랐다. 제대 후 1년 동안은 복학도 미루고 학원을 차려 놓고 본격적으로 학생들을 가르치기까지 했었다. 그때 질투라는 말을 처음 생각해 보았었다. 누구는 부모 잘 만나 과외까지 받으며 공부하는데 나는 넉넉잖은 형편의 집에서 여러 형제 중 하나로 태어나 이렇게 힘들게 공부를 해야만 하나 자조적 푸념도 했었다. 그러나 사회에 발을 내디딜 때에야 남을 질투했다는 미안한 마음이 들었다.

'질투'는 드러내서는 안 되는 감정이다. 여러 사람들이 함께 살아가는 사회에서 이기주의의 표본으로 오인될 수 있는 일이기 때문이다. 내 마음속에 엄연히 있는데도 숨길 수밖에 없는 일이다. 질투란 감정 속엔 슬픔도 내재한다.

하지만 질투는 분명 사람을 성장시켜주는 요소도 있다. 얼마간의 시간이 지난 뒤에는 평정을 되찾게 되었다. 그게 바로 지금의 내가 있게 한 동력이 되었다고 생각한다. 라틴어 해석을 보면 죄악시할 말이 아님을 알 수 있다. 질투는 라틴어로 'invidia'라고 하는데, 목표를 두고 위를 바라보고 성장해가는 과정임을 알 수 있다.

이제 나는 가르치는 절박한 삶의 대학생은 아니다. 저녁을 먹고 내가 좋아하는 영어공부를 하러 문화센터에 간다. 이 시간이 기다려진다. 질투가 복수라도 하고 있는 것일까? 집에 돌아와서 졸음이 올 때까지 벤자민 프랭크린의 영문 자서전을 펼쳤다.

용고새

춘래불사춘春來不似春! 시간이 멈춘 듯 만사가 제자리다. 코로나19가 일상을 집안에 가두어 놓았으니 봄이 와도 봄 같지 않다. 꽃이 피고 져도 볼 수 없는 캄캄한 암흑의 터널 안에 갇힌 봄이다.

봄날 아침 아파트로 연결된 길을 따라 뒷산에 혼자서 오른다. 이름이 큰매산이라고 휴게소 정자 옆에 안내판이 세워져 있다. 야트막한 능선 따라 걸을 수 있는 길게 뻗은 산이다. 천호지 서쪽에 남북으로 길게 이어지는 산이다.

걷다보니 시인 이상화의 시 〈빼앗긴 들에도 봄은 오는가〉가 문득 떠오른다.

> 지금은 남의 땅-빼앗긴 들에도 봄은 오는가

나는 온몸에 햇살을 받고
푸른 하늘 푸른 들이 맞붙은 곳으로
가르마 같은 논길을 따라 꿈속을 가듯 걸어만 간다.
-중략-
그러나 지금은 들을 빼앗겨 봄조차 빼앗기겠네.

눈에 보이지도 않는 미물 코로나19가 세상을 점령한 지 1년이 더 지났다. 다시 동토의 땅에 봄이 저만치 오고 있는 듯도 하다. 그런데 봄은 이번에도 살금살금 왔다 몰래 슬쩍 지나갈지도 모르겠다. 미물은 아직 물러갈 생각이 없는 듯 위세를 떨치고 있기 때문이다. 외국에선 작년부터 백신 접종을 시작했는데 우리나라에선 언제쯤 백신을 맞을 수 있을지? 전대미문의 유행병은 이렇게 사람을 가두고 나라조차 고립시키는 것일까? 의문에 의문을 품으며 산에 오른다.

산길을 걷는 사람들은 말이 없이 가능한 멀리 거리 두기를 하며 지나간다. 못 볼 것을 본 듯 눌러쓴 모자와 마스크로 입과 코를 틀어막은 채 눈만 번득인다. 의심을 가득 채운 듯한 표정으로 말없이 비켜간다.

나는 어디선가 들려오는 새의 노래 소리를 듣는다. 넋을 빼앗긴 채 걷다 보니 산길에 즐비하게 핀 진달래가 눈에 들어왔다. 그런데 진달래꽃은 이미 청춘을 지나 잎들에게 자리를 내어주는 중이었다. 아니, 봄의 끝자락에서 서성이고 있다. 이렇게 봄도 지나가고 있는데, 마음속에서는 왜 겨울이 머물고 있나. 지난해 1월부터 갇혀 있던 게 그대로 철이 순배를 해도 겨울인 셈이다. 춘래불사춘이라!

큰매산은 길게 능선 따라 등산로가 나있다. 이 산등성이는 하늘에서 드론으로 내려다본다면 긴 담장 지붕 같다는 생각이 들었다.

요즘의 담장은 대부분 가시철망이나 높은 철재가 숨막히게 가로막고 있어 답답하다. 어릴 적 시골의 풍경은 울타리나 담장이었다. 흙 담벼락 위에는 이엉을 두르고 용고새를 덮었다. 그 위로는 아래윗집 다순 정이 오고가던 정겨운 모습이 주마등처럼 스친다.

갈걷이가 끝나고 들녘이 허허해지면 늦은 가을날 지붕개초작업을 했다. 바심으로 먼지가 북새통을 이루던 마당에서 이웃들이 옹기종기 모여앉아 이엉 엮기에 분주해진다, 볏짚으로 엮는 이엉은 학의 날개를 펼친 꼴이라서 '나래'라고도 부른다. 벼농사의 부산물로 효용성이 다양하다. 해서, 이를 곱게 엮어 지붕 위에 펴서 덮으면 추위도 더위도 없이 살기에 안성맞춤이었다.

길게 엮은 이엉을 둘둘 말아 마당가에 쌓아놓곤 용고새를 틀었다. 용마루에 올리는 용고새를 트는 마름은 여간 솜씨가 아니고는 좀처럼 틀어 내기가 쉽지 않다. 용마루에 떨어지는 빗물이 스며들지 않게 촘촘하고 경사지게 엮어야 하기 때문이다. 그래서 용고새는 '엮다'라고 하지 않고 '틀다'라고 선대들은 즐겨 썼다.

용의 긴 형상과 용의 비늘을 닮아서 용고새라고 했나 보다. 용고새는 충청도에서 쓰는 방언이다. 그래서 용마루라는 명칭보다 훨씬 정이 간다.

며칠을 준비하고 나면 대대적인 지붕 덮기 작업을 벌인다. 이웃집 사람들과 품앗이로 이루어지는 큰 가을 행사이다. 초가지붕은 이엉으로 추녀부터 경사를 따라 올라가며 덮고, 맨 꼭대기에서 양쪽이 만나게 된다. 그곳을 빗물이 스며들지 못하도록 정성스럽게 튼 용마루로 뚜껑을 길게 덮는다.

일 년 농사에 대한 제祭의 행사인 갈걷이 감사의 떡 돌리기와 김장하기가 아녀자들의 월동준비라면 용고새를 덮어 지붕을 마감하는 일은 남자들의 겨울채비의 완성인 셈이다.

산길을 걸으며 어릴 적 초가지붕이 떠올라 어렵던 시절 기억이 찡하게 스치고 지나간다. 해방과 6·25동란의 혼란 속에서도 봄은 왔다. 이제 곧 이 용고새 길에도 새봄이 다시 오겠지! 길게 늘어진 담벼락 용고새 길 위를 걸어본다. 온몸으로 햇살을 한껏 느끼며 맑은 하늘과 푸른 들이 맞붙은 곳을 찾아서 영원히 코로나19가 없는 세상으로 나가는 날이 빨리 오기를 고대해 본다.

방황의 시간

뜻대로 풀리지 않는 게 인생이다.

수많은 사람들이 바바리코트 깃을 세우고 호주머니에 양손을 꽂고 고개를 숙인 채 지하철역에서 실타래처럼 풀려나온다. 아가씨는 머플러를 목에 칭칭 감고 하이힐로 또박거리며 멀어져 간다. 나도 그 대열에 끼여 지하철역을 들락거리며 살아온 시절이 있었다.

무심코 지나다니는 길목에 과일 파는 할머니가 있었다. 어스름한 시간인데 그날도 어김없이 그 자리를 굳건히 지키고 있었다. 지나쳐 집으로 향하던 발길을 돌려 할머니한테 다가가서 과일을 한 봉지 청했다. 듬뿍 담아주신다. 매일 지날 때마다 일과처럼 과일을 한 봉지 사들고 가는 일이 잦았다. 그러면서 얘기를 섞으며 관심을 갖게 되고 할머니의 안타까운 사연을 듣게 되었다.

그녀는 일찍이 남편과 사별하고 혼자 삼 남매를 키워냈다고 했다. 그런데 그중에 소아마비의 딸이 하나 있는데, 지금은 딸과 둘이 살고 있다고 했다. 딸이 아니면 힘들지 않게 살 수 있을 텐데 하고 한숨을 짓는 듯했다.

학교를 파하고 집으로 돌아오는 길은 긴 시간이었다. 나는 그 시절 장래를 고민할 때였다. "인생이란 무엇일까?"란 물음표를 달게 되었다. 맹목적으로 하던 공부에 의문을 품게 되면서 길을 정해야 했다. 문과로 가면 좋을까 아니면 이과가 좋을까.

전후 한국은 폐허더미 그대로였다. 가난한 시간의 연속이었다. 나라를 세우는 일에는 그래도 공대를 가야 빠른 길이라는 분위기가 팽배해 있었고 문과는 가봐야 밥 굶기 딱 좋다는 게 대세였던 시대였다.

노천명의 〈사슴〉, 김동명의 〈파초〉 같은 시를 쓰는 사람, 나도향의 〈그믐달〉, 피천득의 〈인연〉을 보며 글을 쓰는 글쟁이를 상상해 보았다. 그런데 목구멍이 포도청이라고 현실 앞에 무릎을 꿇어야 했다. 공과대학은 별로 적성에 맞지 않을 것 같다고 내심 느끼고는 있었지만 친구 따라 강남 간다고 친구들과 휩쓸려가고 말았다. 공부에 전력을 다한 것도 아니고, 낭만을 느낀 것도 못 되는 입장이었다. 도피성으로 군으로 피신하기도 했었다.

사회에 디딘 첫발은 조금씩 적응돼 나름대로 만족스러운 기분이었다. 그러나 공장 건설현장의 관리감독을 맡게 될 때까지 수습기간이 반년이나 지나갔다. 그래도 돌이켜 보면 그 시절이 좋았다. 거칠고 메마른 들판에 새싹이 나고 꽃이 피듯이 거칠기만 할 것 같은 건설현장에는 사랑의 온기가 가득했다. 현장의 일은 학교공부를 다시 시작하는 듯 생소하고 어려웠다. 건설용어부터 시공업체 관리 방법까지 혼란스러웠다. 또 다시 옛 생각에 회귀하는 느낌이었다. 김동인의 《젊은 그들》, 현진건의 《운수 좋은 날》, 헤르만 헤세의 《데미안》이 머리를 스치고 지나갔다.

시간이 약이라 했던가. 시간은 사람을 망각의 동물로 만드는 마술을 가지고 있는 것인가. 일과에 쫓기다 보면 피곤이 몰려와 현장과 숙소를 오가는 일상이 옆을 볼 시간도 허락지 않았다. 그렇게 흘러가는 시간은 생산회사에서 건설회사로, 해외현장으로, 국내현장으로, 본사로 옮겨 다녔다. 연조年條가 지나니 현장소장이 되고, 직책이 달라지며 나만의 시간이 주어지면서 방황이 차츰 길을 돌리려고 하는 마음으로 되살아났다.

우선 도서관을 기웃거리기 시작했다. 독서모임에도 노크했다. 나이 들어 갑자기 찾은 도서관 독서모임에서 글귀는 머리에 들어

오지는 않고 엉덩이만 아팠다. 참지 못하고 왼쪽 엉덩이로 뭉개다 오른쪽 엉덩이로 뭉개다를 반복하며 몇 달이 지났다. 엉덩이에 굳은살이 박였는지 차츰 적응이 되어가고 조금씩 책의 글자도 들어오기 시작했다. 몇 년이 지나 낙향하듯 중소도시인 이곳으로 이사를 하게 되었다. 영어공부를 좀 해볼 요량으로 찾다 보니 자치센터 등을 찾아갈 수 있었다. 영어반에 몇 달을 다니면서 수필문학회의 수필집을 접하게 되었다. 읽으면서 궁금증이 나를 수필반으로 끌고 들어갔다. 아니, 난 소설을 써볼 요량이었는데 무슨 수필을? 의문을 갖고 내디딘 발에 강사님과 문우님들의 격한 환영이 나를 당황시키고 있었다. 시간이 지날수록 방황은 안정을 찾고 있는 듯했다. 코로나19 전까지는 모이던 독서회 끈은 놓지 않고 있었다. 이제는 코로나19가 그조차도 허락하지 않고 앞을 막아섰다.

사람은 때에 따라서 방황을 하게 마련인가 보다. 생태학자 최재천 이화여대 석좌교수도 긴 방황을 하던 중 의과대학을 지원하여 3수에도 낙방을 하며 3학년 때 담임선생님이 써넣은 제2지망 동물학과에 다니게 되었는데, 가재 잡으면서도 원했던 시인을 꿈꾸며 보냈단다. 공부는 뒷전에 두고. 대학 4학년에 미국 유타대의 조지 에드먼드 교수를 만나게 되면서 그도 방황을 끝내고 하버드

대로 유학의 길에 오르면서 길이 보이기 시작했다고 한다. 그는 가재를 잡던 일이 시인보다 좋았던 모양이다.

뜻대로 풀리지 않는 게 인생이다. 인생이 마음대로 되지 않는다고 미리 짐작하고 포기하지 않은 최 교수를 다시 생각해 보았다. 나도 포기하지 않고 방황을 잘 마무리하고 싶다. 이제는 지금의 내가 좋다.

제4막의 시작에 아직은 갈 길이 멀다. 아직도 건드리지 못한 감정의 근육을 끌어내 단련할 일이 남아있다. 몸의 근육과 같이 마음의 근육도, 수필에 대한 근육도 아직은 아프지만 시간이 지나고 단련으로 튼튼해지고 견실한 근육이 될 것을 생각해 본다.

보이지 않는 절

아침 일찍 집을 나서 내포지역으로 향했다. 꽃바람이 싱그럽게 차창을 스치고 지나간다. 여행 중에 사찰 건축이나 폐사지廢寺址를 들러보는 재미는 언제나 나를 즐겁게 한다. 그런 희망을 안고 오늘도 발걸음을 내딛는다.

건축은 공간이다. 건축의 본질은 공간에 있다. 하지만 눈에 보이지 않는 공간은 설명이 쉽지 않다. 사람이 어떤 건축물을 보고 감동을 받는다면 그 건축의 공간이 특별하기 때문이리라. 그러나 사람들은 그 감동을 건축의 모양이나 크기 혹은 색채나 문양 등을 통해서 설명하고 감동한다. 그런 면도 있다. 건축가들 사이에서도 대부분 공간보다는 보이는 외관을 중시하는 것 같아 아쉬움이 많다. 이는 건축을 공간이 아니라 큰 조각이나 구조물 정도로 여기는 시각적인 오브제로 인식하니 본질과는 거리가 멀다.

이러한 공간을 느끼는 능력은 예술적으로나 공학적 지식처럼 습득할 수 있는 것은 아닌 듯하다. 달리 타고난 재능이 있을 것 같다는 생각이 든다. 평면만으로 공간을 이해하는 사람과 삼차원의 공간 구조로 인식해야 읽어내는 사람도 있다. 그렇잖으면 공간을 인식하고 그려내는 데는 한계에 부딪칠 수밖에 없다. 평면으로 그리는 설계도와 실제로 펼쳐지는 공간과는 거리가 멀다.

공간 지각 능력이 있으면 폐허지廢墟址는 아주 흥분을 주는 여행지가 될 게다. 공간 탐험으로 떠나는 이런 여행은 그 지역에 대한 역사적 지식과 건축적 이해를 바탕으로 떠나는 여행이다. 폐허의 현장에 널려있는 유적의 파편들을 통하여 폐허지의 풍경뿐 아니라 상상의 나래를 펴며 원래의 모습을 복원해 보는 것이다.

서양의 고대 도시와 건축은 주로 석재로 만들어진 까닭에 수천년이 지난 폐허라도 많은 잔해들이 남아있다. 오래전 그리스 등을 여행할 때도 많은 유적의 잔해가 널려 있기도 하고 복원 공사를 하는 곳도 자주 눈에 띄었다. 건축에 몸을 담았던 사람들이라면 원래의 공간 구조와 삶의 모습까지도 비교적 쉽게 알아차리리라. 설명을 조금만 들으면 비전문가도 비교적 쉽게 이해할 수도 있다. 파르테논 신전이 있는 아크로폴리스나 로마의 포로 로마노 또는 이집트의 수많은 신전은 수천 년 전에 이미 폐허가 된 장소이지만, 오늘날에도 많은 이들을 불러 모으며 그 역사적 실체를 확인시키고 있다.

지구촌 곳곳에서 몰려든 관광객들은 인산인해를 이루고 있었다. 하지만 나에게는 아무런 감동이 되지 못했다. 부서진 신전과 각종 돌 조각들을 근거로 만든 복원은 옛 모습의 박제일 뿐이라는 생각이 들었다. 그 이상의 상상이 되지 않았다. 실체적 삶이 없는 관광만 남아 있었다.

돌아오는 기내에서 우리 땅의 폐허지 한 곳이 생각났다. 보령에 위치한 '성주사지聖住寺址'였다. 아주 아름다운 폐허지의 한 곳으로 나를 홀딱 반하게 한 곳이 아니던가!

백제 때 창건하여 통일신라에 이르러서 이름을 떨쳤다고 한다. 오늘날까지도 오층석탑 하나와 작은 삼층석탑 세 개, 석등과 석불 등의 유적이 남아 있어 이곳이 폐사지임을 알린다. 물론 건축물들은 사라졌다. 그럼에도 유장한 산의 능선에 둘러싸인 폐사의 풍경은 아름다웠는데, 단지 자연의 풍광이나 남은 잔해가 주는 눈으로 느끼는 미학이 아니었다.

빈 공간 위에 원형의 환상과 폐허의 실체가 교차하며 건축의 본질을 깨달았다. 추측건대 천왕문과 석등, 법당 그리고 금당 등이 주축을 이루고 그 좌우에 여러 승방들과 각종 전각이 있었고, 공양간이나 고사 같은 부속채와 부도비들로 주변을 이루었을 게다. 문헌에 의하면 천여 칸의 건물군이 있었으며 문도만도 2천 명이 넘었다고 한다. 수도승들이 공양할 때면 쌀뜨물이 성주천을 따라 십 리를 흘렀다고 하는 대사찰이었다. 구석구석 불교 수행의 치열함이 만연했을 게다.

그러나 부족한 내 공간 지각 능력은 여기에서 드디어 한계를 맞고 말았다. 한 번에 완성된 게 아니고 여러 차례의 중창과 불사를 거쳤을 이 사찰 공간의 조화를 남아있는 불과 몇 조각의 파편으로는 알 수 없었다. 황망하여 한참을 진정한 후에야 마음의 평정을 잡았다. 생명을 다한 역사가 땅으로 스며든 현실의 폐허를 보았다.

자부하던 그 공간 지각 능력은 부질없는 집착에 지나지 않았음을 비로소 깨닫게 되었다. 보이는 것은 침묵이었다. 아마도 이게 이 절을 세운 목적인가 싶다. 이 폐허는 쓸모없게 된 사찰이 아니었다. 여전히 우리 삶의 부질없음을 가르치는 '보이지 않는 절'이었던 것이다. 그게 참 불교의 가르침이 아닐까?

우리의 옛 건축은 주재료가 나무요 흙이었던 까닭에 스러져가면 거의 완벽하게 사라지고 만다. 많은 석재 파편이 지저분하게 남아 아직도 그 존재의 미망에서 깨어나지 못하는 서양의 폐허가 아니라, 건축의 숙명을 순수하게 받아들여 맑은 수묵화처럼 존재를 비움으로 완결하는 폐허이다. 그게 바로 건축이다. 우리의 삶이 다하고 간 뒤의 맑은 순수함같이 그 자체가 진실이다.

멀국과 국물

나의 신혼시절이었다. 겨울의 긴 터널은 빠져나왔지만 날씨는 차가왔다. 서울의 한 주택에 세 들어 신혼시절을 보냈다. 셋방살이였지만 둘만의 시간은 꿀맛 같은 날들이었다.

그러던 초겨울 어느 날 새벽, 옆 행랑채에서 희미하게 여자의 힘없는 목소리가 들려왔다. 한 집에서 우리는 본채에, 다른 중년부부는 행랑채에 살고 있었는데. 어디선지 모깃소리만 한 희미한 목소리가 잠결에 들리는 듯했다. 이상한 생각이 들어 아내와 나가 보았다. 행랑채 부인의 소리인 듯하여 살며시 다가가 귀기울여보니 심상치 않았다. 망설이다가 아내에게 문을 노크하고 열어 보자고 했다. 입을 달싹거리는데 무슨 말인지 알아듣지 못하는 소리를 하는 것이 아닌가. "머얼국, 멀…." 하고 말을 잇지 못한다. 그녀의 남편은 무슨 일을 하는지, 늘 아침에 들어오는데 부인이 혼자 자다가 무슨 일이 생긴 것 같았다. 그러자 퍼뜩 스치는 생각이 연탄가스 중독인가 싶었다. 대부분 연탄을 연료로 때던 시대였던지라, 우선 방문을 활짝 열고 환기부터 시켜야 된다는 생각이 들었다. 그리고 머리에 떠오른 것이 동치미 국물, 그녀가 말한 것이 곧 "멀국"인 동치미 국물을 찾았던 것이다. 아내는 우리 부엌으로 냉큼 달려가 멀국을 한 대접 퍼왔다. 그리고 그녀의 입을 벌리고 붓다시피 먹였다.

연탄가스 중독은 일산화탄소 중독이다. 적혈구 구성 성분인 헤모글로빈은 산소를 운반해 신체 각 세포에 공급하는 역할을 한다. 일산화탄소가 체내에 들어오면 헤모글로빈은 산소보다 일산화탄소와 결합하려는 성향이 더 강해서 산소를 잘 공급하지 못한다. 초기에는 메스꺼움, 구토, 현기증이 나고 심해지면 호흡이 불규칙해지고 경련과 혼수상태로 이어진다. 중요 장기인 뇌, 심장, 폐에 산소 공급이 안 되면 결국에는 사망에 이른다. 깨어나더라도 치매 뇌병변장애에 이른다고 한다. 결론적으로 보면 부족한 산소 공급이 우선인 듯하다. 의학적으로는 동치미 멀국 속의 유황 성분이 일산화탄소 배출을 돕는다고 한다. 어쨌거나 그녀는 두어 시간 후에 겨우 깨어날 수 있었다.

나는 멀국이란 말을 좋아한다. 어렸을 적에는 먹을거리가 부족하여 초근목피로 살아가는 사람들이 많았었다. 봄이 되면 산이나 들에서 나물을 뜯어 나물무침이나 나물국을 끓여 먹었다. 때로는 죽을 쑤어 먹는 일도 다반사였다. 죽도 멀건 국물이 대부분이었다. 허기진 배를 달래기엔 턱없이 부족한 양이라 얼른 먹고 아이들은 "엄마, 멀국 좀더 줘요. 멀국…." 하고 보챘다. 그러면 어머니는 멀건 멀국을 한 바가지 퍼 와서 올망졸망 턱 받고 앉아있는 아이들한테 부어 주곤 했다.

먹을거리가 많지 않았던 어렸을 적의 겨울밤은 동치미와 고구마를 자주 먹었다. 고구마는 출출한 배를 달래는 데는 최고의 간식이었다. 목구멍에 빡빡한 고구마를 부드럽게 넘기는 데는 동치미 멀국이 환상의 궁합이었다. 여러 형제들이 둘러앉아 먹었던 동치미 멀국은 그 시절 삶의 애환과 배고픔을 마신 것이다. 시원한 멀국을 마시면 정신이 번쩍 들어 졸음은 어느새 달아나고 정신차려 다시 책을 읽곤 했었던 기억이 생생하다.

멀국이란 말은 국물 범주의 하위 개념으로 볼 수 있다. 국물은 국, 찌개 등의 음식에서 건더기를 제외한 물이라는 뜻이다. 근래에는 육수의 의미로도 쓰인다. '멸치 국'은 없지만 '멸치 국물을 낸다.'라고 쓰는 것이 한 예이다. 이에 비해 멀국은 국물과 같은 뜻으로 해석되면서도 양념이 들어가지 않은 콩나물국이나 설렁탕 국물처럼 건더기만 우려낸 멀건 국물을 말한다.

우리나라의 전통적으로 내려오는 밥상은 밥과 국이 주종을 이룬다. 미역국, 된장국, 김칫국 등의 국을 먹는다. 국은 건더기가 주主이고 국물은 다음副인 것이다. 어떤 일을 할 때 사람들은 '너 제대로 못하면 국물도 없다.'를 '멀국도 없어.'라고 말하곤 했다. 그런데 국에서 중요한 건 국물이 아니라 건더기인데, 건더기는커녕 국물도 없다는 말은 아주 야박한 말이다. 정당한 몫은 고사하고 사소한 것 하나라도 이익이 되는 것은 아무것도 주지 않겠다는 뜻이다. 아주 소소한 것조차도 용납하지 않겠다는 의미렷다.

각종 국을 먹으면 늘 이런 생각이 떠오르곤 한다. 국에서 건더기가 주主라면 멀국은 부副라고 했듯이, 우리가 사는 세상도 주主인 사람이 있는가 하면 부副인 사람도 있다. 주만 있는 국은 팍팍하고 잘 넘어가지 않는다. 그래서 멀국 없는 주만 있는 국은 생각할 수 없다. 우리의 삶에도 멀국 같은 사람이 더 많이 있을 때, 주도 빛을 발하고 세상은 더 행복해지지 않을까?

나는 멀국을 건더기보다 좋아하는 편이다. 멀국 없이 건더기만 먹으면 어려서부터 길들여진 어머니가 해주시던 음식맛을 느낄 수가 없다. 아내는 멀국을 적게 먹으라고 밥상머리에서 밥 때마다 성화를 댄다. 나를 위해서 하는 말임은 물론 안다. 건강을 염분에 의해서 해치지 말라는 뜻이 숨어있는 것을. 국물을 많이 먹으면 이제부터는 정말로 멸국도 없단다. 그래도 동치미 멸국과 얼큰한 호박 숭숭 썰어 끓인 매운탕의 국물 맛은 영원히 잊지 못한다. 어머니가 해주시던 동치미와 매운탕의 매캐한 그 맛을 아내가 해주길 기대해 본다.

문門

창밖은 봄이다. 무르익어 한철이 끝나가는 계절이다. 꽃 잔치도 대부분 끝나간다. 코로나19가 밖으로 나가는 문을 잠가버린 듯하다. 좀처럼 열어주질 않는다. 창문을 통해 세상을 보던 눈이 자꾸만 현관문을 응시한다. 탈출할 기회를 노리는 것인가?

현관문이 이렇게 무겁게 다가온 적이 있었나 싶다. 현관으로 가서 도어 록을 유심히 바라본다. 손으로 가만히 감싸본다. 이 문을 통해 수없이 들락거렸다. 창문은 마음을 소통하는 것이라고 했었다. 그렇다면 문은 마음과 몸이 함께 통하는 곳일 게다. 문이 없다면 영어囹圄의 몸이 되고 말 것이다. 문은 적극적인 소통의 유일한 길이다. 모든 길은 문으로 통한다. "모든 길은 로마로 통한다."는 말도 로마라는 관문을 거친다는 뜻이다.

문의 종류는 헤아릴 수 없이 많다. 이제는 찾아보기 어렵지만 초가집에는 사립문이 있었다. 보통 집에는 대문(gate)이 있고, 방에는 방문(door)이 있고, 식당이나 상점에는 출입문(entrance door)이 있다. 성城에는 성문이 있다. 옛 서울 도성에는 4대문과 4소문이 있었다. 전라북도 무주에 가면 신라와 백제를 통과하던 곳에는 석굴로 된 나제통문이 있다. 서울 올림픽공원에도 동서남북으로 문이 나있다. 고속도로에도 톨게이트라는 문이 있다. 초대형 쇼핑몰이나 대단지 아파트에는 게이트라는 문이 게이트 1, 2, 3 등으로 설치되어 있다. 프랑스 파리에는 전쟁에서 승리하고 돌아오는 장군을 환영하는 개선문도 있다.

고층 빌딩에는 정문을 통과해서 현관문을 거치고서야 부서의 출입문 앞에 서게 된다. 출입 통제구역이면 호출을 해야 문이 열린다. 회사의 대표나 임원을 만날려면 비서실의 확인을 거쳐야 문을 노크하고 열 수 있다. 이렇게 문은 다양하다.

호텔 현장에서 공사할 때가 어제의 일처럼 생각난다. 호텔에는 수많은 기능의 문이 있다. 잠깐 언급해 본다면, 로비로 들어가는 현관문을 들어가서 카운터를 거쳐 엘리베이터 문을 맞이하게 된다. 그래야 객실 문 앞에 설 수 있다. 물론 비상계단을 통해 갈 수도 있지만 짐을 든 상태로 계단 출입문을 열고 닫아야 하는 불편함이 있다. 보이지 않는 방화구획의 방화셔터 등 다양한 기능의 문도 있다.

출입문은 꼭 도어록(door lock)을 잡고 문을 연다. 수많은 종류의 록이 있다. 호텔 주방이나 병원의 록은 음식 카트, 환자의 침대가 이동할 수 있게 자동으로 밀리는 것이 있고, 계단이나 방화구획을 나누는 구간에는 한 방향으로 작동하는 것이 있다. 잠기지 않는 멍텅구리 록도 있다.

이렇게 수많은 문을 통해야 사람과 사람이 만난다. 적극적인 만남이다. 일정한 거리를 두지 않아도 된다. 창문을 통해서 바라볼 때는 많은 상상의 거리가 있지만, 문을 통해서는 만남이 이루어지고 소원疎遠했던 마음이 열리는 공간을 만들어 준다. 더 깊은 밀회의 장소도 마련해 주는 것이 문이 아닌가. 코로나19가 이런 만남조차 용납하지 않는 세상이 되었다.

문 안에서 수많은 희비가 엇갈리는 투표소의 투표함도 있다. '좁은 문'을 통해 당락을 갈라놓지 않는가.

앙드레 지드의 《좁은 문》에서는 주인공 제롬이 신앙심 깊은 알리사와 주일 예배를 갔다. 그때의 예배 설교를 평생 잊지 못한다.

"좁은 문으로 들어가기를 힘쓰라. 멸망으로 인도하는 문은 크고 그 길이 넓어 들어가는 자가 많고, 생명으로 인도하는 문은 좁고

협착하여 찾는 이가 적음이니라."

지상의 행복보다 천상에 가 닿기를 원하는 알리사와 그녀를 흠모하는 제롬의 비극적인 사랑 이야기이기도 하지만, 좁은 문을 통과한 후의 즐거움을 바라보는 사람과 현세를 추구하는 사람들 사이에 벽을 뚫어놓은 시험의 문이기도 하다.

좁은 문을 생각하니 등용문登龍門이 떠오른다. 등용문은 황하 상류의 하진이란 곳의 일화에서 생겨났다. "하진河津은 일명 용문이라고도 한다. 급류의 물살에 배가 다닐 수 없을 뿐 아니라 물속의 물고기조차도 급류를 거슬러 올라갈 수가 없다. 강과 바다의 큰 물고기가 수천 마리나 모였지만 아무도 올라 갈 수 없었다. 下津一名龍門 水險不通 魚鼈之屬莫能上 江海大魚 簿集龍門下 不得上 上則爲龍. (後漢書)." 하진을 거슬러 올라가면 용이 된다.

이 또한 오르기 힘든 좁디좁은 문이다. 이러한 관문을 거치는 역경이 없이는 우뚝 설 수 없다. 인간 세계에서 최고의 자리에 오른 위대한 인물들은 좁은 문인 등용문을 통과한 것이다. 피겨 여왕 김연아, 골프 여제 박인비가 그렇고, 17세에 방직공장 여공에서 시작한 인생이 이번 총선에 당선된 김미애 의원이 그렇다.

살며시 현관문을 밀어 본다. 문은 또 다른 세상으로 향하는 출발점이다. 비록 좁더라도 주저하지 않고 두드려 더 넓고 좋은 세상, 행복한 세상으로 나아간다. 그래서 공사 현장에서 문을 만들 때면 언제나 가슴 벅찬 기대감이 따랐었다.

코로나 설 풍경

평일과 다름없이 뒷산으로 산책을 나갔다. 아침 공기는 포근했다. 산길은 살짝 얼어 흙이 등산화를 더럽히지 않을 정도로 부드러웠다. 예전 같으면 가족들과 추도 예배로 제례를 올리고 떡국도 먹고 세배를 받을 시간인데, 심심하여 뒷산으로 산책을 나선 것이다.

매년 딸네는 명절 전날 고향에 내려가는 열차표 예매하느라고 고생을 한다. 올해는 시댁 어른들께서도 오지 말 것을 당부하셨단다. 그래서 내려가지 않기로 했단다. 우리도 아들·딸네 모두 내려오지 말라고 했더니 5인 이상 집합금지 명령을 따라 시차를 두고 각각 미리 다녀갔다. 그래도 인사하고 부모님 뵙고 가겠다는 마음이 갸륵하고 고맙기만 했다. 손주들은 아무때나 모이기만 하면 신이 난다. 할머니 할아버지 집에 오는 것이 너무 좋기만 하단다.

초유의 비대면 설날은 상상도 못한 풍경이, 한 번도 경험하지 못한 낯선 일들이 벌어지고 있다.

세배는 휴대전화 영상으로 화면을 통해 갈음했다. 세뱃돈은 카카오 페이로 오고 갔단다. 전국 각지에 흩어져 사는 가족이 고글을 쓰고 가상현실(VR) 공간에서 만나 세배도 하고 덕담을 나누는 신기술도 등장했단다. 어떤 집안은 이 집 저 집 모두 줌(ZOOM)을 켜놓고 각자 밥상에 앉아 가족모임을 했다는 소리도 들린다. 식당을 가려면 5인 이상은 각자 나누어 예약하고 멀찍이 앉으란다. 대화는 휴대전화로 했다는 서글픈 사연도 들린다. 참 낯선 풍경들이다.

그러나 이와는 대조적인 일이 엉뚱한 곳에서는 벌어지고 있었다. 황금연휴의 기회를 놓칠세라 고향에 가지 않는 대신 공항으로 몰려든 것이다. 해외여행이 어려워지면서 국내로 몰리는 현상이다.

제주도에는 15만 명이 모여들어 도떼기시장을 방불케 했다고 한다. 식당 앞에 기다리는 긴 행렬은 인터넷이 없던 시절 열차표 예매 줄을 방불케도 했다. 국내여행과 쇼핑업계는 전례 없이 호황으로 입꼬리가 올라갔다. 이뿐인가, 대형 쇼핑센터와 전국 골프장·스키장은 물론이고 호캉스(호텔+바캉스)를 즐기려는 사람들로 호텔까지도 북적였다고 한다.

아이러니하다. 우리 같은 구세대들은 혼란스러울 뿐이다. 가족 간의 모임은 5명 넘으면 코로나19에 걸리고 공항이나 비행기 내, 호텔, 정치인들의 모임같이 밀집하는 곳에는 코로나19가 잘도 피해 가는지? 이럴 바에는 가족 간의 모임이 더 합리적이지 않을까. 참 이해 못할 아리송한 정책이라는 생각이 들었다.

한편으로는 긍정의 효과가 아주 없지는 않은 일들도 있다. 유럽이나 미국 등지에서는 코로나 여파로 경제적으로 어려움을 겪고 있는 가운데 이혼이 급증했다는 뉴스다. 그런데 우리나라는 반대로 이혼이 줄었다고 한다. 사회적 거리 두기로 이혼 재판이 줄어든 탓도 있겠지만, 명절 차례를 지내지 않아 명절 증후군이 없어지고 부부 싸움이 줄어든 게 이유라는 분석이다. 가족 갈등을 코로나가 누그러뜨렸기 때문이란다.

비대면 상황이 지속되면서 이성 간에 만날 기회조차 빼앗겨 청춘 남녀는 언택트 설날 덕분에 고향의 부모님이나 친지들로부터 결혼 압박을 안 받게 되어 스트레스가 줄게 되었단다. 취업준비생들도 "언제 취업하냐?"는 독촉과 "아무개는 졸업하자마자 취업

했다더라."라는 비교를 당하지 않았다며 귀성이 사라져 다행이라는 것이다.

코로나로 인한 불안한 시대에도 모든 일은 마음에 있지 않을까 생각해 본다. 걱정은 불안을 부르고 편안한 마음은 긍정의 씨앗을 배태하지 않을까?

한 번도 경험하지 못한 코로나시대에 맞는 설이 병도 주고 약도 주는 요즘이다. 아무리 그렇다고 해도 이런 건 설 명절이 아니지 않는가. 정부 당국의 좀더 현명한 대처가 아쉬운 것은 나만의 생각일까.

백신의 도입 정책도 아직은 혼미하다. 다른 나라들은 거의가 이미 시작한 접종을, 백신의 종류도, 도입 시기도 불확실하다. 언제 백신이 확보되고 코로나19를 잠재울 수 있을지? 하루빨리 백신이라도 맞고 온 가족들이 모여서 명절을 맞이하기를 간절히 기대한다. 일상이 정상으로 유지되는 날이 속히 오기를 학수고대한다.

폭염

잠깐만 걸어도 숨이 턱턱 막힌다. 벌써 2주 동안이나 폭염이 기승을 부린다. 수은주는 36도를 오르내리고 있다. 이런 날씨는 당분간 계속될 것이라고 기상청은 예보하고 있다. 장마철 기상예보조차도 빗나가고 비는 거의 내리지 않았다. 계속되는 무더위 속에서 장마철이 지나갔다.

기상청은 슈퍼컴퓨터를 도입했다는데 기상예보는 전보다 더 부정확하다. 폭우가 내린다고 예보한 날에도 비는 내리지 않았다. 멀쩡하다는 날에는 폭우가 쏟아져 물난리를 겪은 적이 한두 번이 아니다. 이렇게 푹푹 찌는 날씨에는 일기예보가 빗나가서 비라도 뿌렸으면 좋으련만 희망사항일 뿐이다. 낮에는 이글이글 타는 더위에, 밤에는 열대야로 잠을 이룰 수가 없다. 예년 같으면 손자들이 올 때 외는 에어컨을 틀지 않고 여름을 지났는데 금년은 절로 에어컨 리모컨에 손이 갔다.

더위 하면 오래전 열사의 나라 사우디아라비아에서 일했던 기억이 떠오른다. 초봄인 4월 초 김포공항에서 기능공 20여 명을 인솔하고 대만행 비행기에 몸을 실었다. 대만에서 1박하고 싱가포르로 이동했다. 다시 사우디 에어라인으로 10여 시간을 비행한 후에야 사우디아라비아 다란공항에 도착했다. 비행기 트랩에서 내릴 때의 첫 느낌! 아랍 특유의 역한 냄새와 뜨거운 열기가 덮쳐왔다. 입국 수속이 끝나니 현지 시각 밤 10시가 넘었는데도 기온은 35도를 거침없이 넘나들었다.

다음 날은 휴일이라 에어컨이 있는 시원한 숙소에서 휴식을 가졌다. 먼저 부임한 직원들과 현지 생활이나 작업 현장 얘기 등을 나누었다. 다음날 현장으로 출근했다. 아침 7시의 기온이 우리나라의 삼복더위와 맞먹었다. 한낮의 열기는 상상할 수 없이 혹독했다. 낮 기온은 50도 가까이 치솟았다. 너무 무덥기 때문에 낮 시간에는 12시 점심 후 3시까지 오침午寢을 하고, 6시까지 일하고 석식 후 7시부터 다시 밤 10시까지 일했다. 그런 곳에서 3년이나 견디며 근무했다. 몸이 아파서 힘든 적도 있었지만 시간이 지날수록 더위에 적응하며 지낼 수 있었다.

당시 우리나라 가정에는 에어컨이 거의 없던 시절이었다. 사우디는 많은 석유 생산 혜택으로 최첨단 전자 기기들이 총집합된 나라이었다. 현장사무실, 숙소, 식당, 휴게실에는 에어컨, 냉장고, 텔레비전 등이 잘 갖춰져 있었다. 마실 물이나 음료들은 최상의 제품들로 공급되었다. 그래서 그나마 더위를 견딜 수 있었다. 공사현장에서 직접 작업을 하는 목공, 철근공 등 기능공들은 폭염 속에서 열사병으로 중도에 귀국한 사람들도 많았다.

그런데 공사가 계획보다 많이 지연되어 공사 인력 수급계획을 대폭 수정하는 일이 있었다. 그 일은 공무과장인 나의 업무였다. 일주일 넘게 오침 없이 일을 하다 보니 왼편 허리에 통증이 느껴지기 시작했다. 통증은 점점 심해지더니 급기야는 움직이기조차 힘든 지경에 이르고 말았다. 현장 의무실에서 약을 처방받아 먹어도 나아질 기미조차 보이지 않았다. 한 달간의 휴가를 받아 서둘러 귀국했다. 지정 병원에서 정밀 검사를 받아보니 신우신염이 심각하단다. 6개월 이상 매일 치료를 요한다고 했다. 그런데 한 달이 지나니 하루빨리 복귀하라는 국제 전화가 매일 걸려왔다. 휴가 기간이 지나고 두 달을 더 치료받고 3개월분 약을 처방받아 출국했다. 정말 6개월이 지나니 거의 회복되었고 다시 업무에 복귀할 수 있었다.

이것은 폭염과 과로의 훈장이라고 생각했다. 무시로 괴롭히던 통증에서 회복됨에 감사하며 조심스럽게 다시 일을 시작했다. 현장업무가 종료되고 7월에 귀국했다. 그런데 한국 땅을 밟으니 왠지 더 더운 것 같았다. 장마철에다 습도가 높아 끈적끈적한 더위가 기승을 부렸기 때문이었다.

에어컨이 없다면 정말 견디기 어려운 더위다. 금년 여름이 유난히 더운 이유는 중국 북부에서부터 러시아 남부에 이르는 지역에서 가열된 공기가 유입되기 때문이란다. 이 공기는 평년보다 5도 이상 뜨겁고 햇볕까지 더해져서 열돔 현상이 발생하여 더운 공기가 상공에 정체됐기 때문이란다.

금년 여름의 폭염은 우리나라만의 문제가 아닌 모양이다. 중국은 40도의 더위가 대륙 전체로 확대되고, 중동은 50도의 살인 더위가 기승을 부리고 있다. 미국도 예외는 아니라고 한다. 세계기상기구(WMO)는 올해가 '역사상 가장 더운 해'로 기록될 것이라고 전망했다. 지구 온난화와 엘니뇨(동태평양 적도 부근 수온이 평년보다 0.4도 이상 높아지는 현상)가 폭염의 원인이라고 했다. 작년 겨울에는 평년보다 2.5도 이상 높았다고 발표했다. 그러니 폭염은 이미 예보되었던 것이다. 이런 기세라면 최고 기온도 해마다 갈아치우지 않을까 심히 우려된다.

올여름의 지구촌은 너무 덥다. 한반도도 정말 뜨겁다. 곳곳이 더위로 몸살을 앓고 있다. 앞으로도 2주간은 폭염이 이어질 전망이라고 한다. 이 더위를 시원한 냉수나 자주 마시며 책과 벗하며 지내 보련다. "이것 또한 지나가리라(Soon it shall also come to pass)"라고 표현한 랜더 윌슨 스미스의 시에 의지해서 말이다.

제2부 세시 풍정

흔적
오행에 순응하여
은행나무
낙관落款
신팔여거사
퇴원 날
설 풍경
콩국수와 수제비
포스트 코로나
나 떠나는 날에는

흔적

우리 아파트 앞에 또 다른 아파트 신축공사가 한창이다. 탁 트인 시야에 어느 날부터 철제 울타리가 둘러쳐지더니 공사 간판과 투시도가 세워지고, 바로 앞에 공사장 출입문까지 세워졌다. 베란다에 다가서면 공사 진행 과정이 훤히 내려다보인다. 한평생을 건축 현장에서 보낸 내가 아니던가.

공사 현장의 울타리를 따라 새로 난 길을 지날 때가 종종 있다. 시내 서점에 갈 때, 혹은 전철을 타러 갈 때 응당 그 길로 다닌다. 그 길에는 조그만 트럭이 가끔 와서 무언가를 팔기도 한다. 새우튀김, 도자기, 다육식물 등 다양하다. 그렇지만, 무엇을 팔든 호객하는 마이크 방송은 하지 않고 조용히 물건을 팔고는 흔적도 없이 떠나간다.

공사 현장 울타리를 지나다닐 때면 현직에서 일할 때의 수많은 현장이 떠오른다. 지방에서 모 증권사 사옥을 지을 때였다. 공사장 울타리를 치고, 터파기 공사를 하려다 보니 주변에 여러 가지 채소가 자라고 있었다. 경작자를 알 수 없어 팻말을 세웠다. 불법 경작물을 자진 철거하라는 내용이었다. 얼마 뒤에 할머니 한 분이 찾아와 채소 값을 보상해 달라고 사정을 했다.

당시 공사현장은 그 지방의 중심지로 시청, 교육청, 경찰서 등이 이웃해 있었다. 나는 소장으로 명을 받고는 모범현장으로 운영하겠다고 다짐을 하며 내려갔던 참이었다. 지방에서는 서울의 대형 건설사를 곱지 않은 시선으로 대했다. 그래서 그들의 인식을 바꿔 볼 요량으로 몇 가지 사안을 구상했다.

착공식에는 시장을 비롯한 지방 관계자들을 초청하였다. 본사 고위 인사도 참석토록 요청하여 성대하게 착공식을 마무리했다.

이후 현장 입구와 울타리 일부 구간에 화분을 배치했다. 그리고 매일 아침 직원들과 일꾼들이 작업을 시작하면 나는 큰 쓰레기통과 집게를 들고 현장 외곽을 돌며 쓰레기와 담배꽁초를 주웠다. 시장도 현장 앞을 지나가고 경찰서장도 그 광경을 보았을 것이다. 차츰 소문이 났다. 정말 깨끗하게 공사를 잘한다고 소문이 났다. 실제 현장 내부도 직원들과 업체들이 혼연일체가 되어 청결을 최우선으로 했다. 처음에는 불평불만이 가득하던 직원들과 업체들도 결국은 이해하고 조화를 이루어 나갔다.

지난 경험을 살펴보면 공사현장에서의 청결이 무엇보다 중요했다. 안전도, 공기도, 품질도 그리고 현장의 쾌적함도 모두 시발점은 청결에서 온다는 것을 여러 경험을 통해 터득한 아이템이었다.

내가 한창 일하던 1970, 80년대 우리나라의 건설 능력은 후진한 상태였다. 그래서 회사는 건설의 선진화를 위해 부단히 노력했고, 일본의 선진 기술을 따라잡기에 안간힘을 기울이던 때였다. 우리 회사는 일본의 마에다 건설과 협조하여 직원들을 교환 근무도 시켰다. 회사 직원들은 대부분 1주일 정도씩 일본 건설 현장에 견학도 다녀왔다. 그때 나도 파견되어 건설 현장에서 정리정돈과 청결함이 공사의 기초이면서 가장 중요하다는 것을 배웠다. 이후로 건축 기술과 공정보다 청결이 우선이라는 심증을 굳힌 계기가 되었다.

하지만 공사 현장에서의 내 신념을 지키기는 그리 쉽지는 않았다. 거친 일꾼들을 설득하기가 어려웠다. 그래서 나부터 솔선하기로 작정한 것이다. 처음에는 현장 인부들의 반발이 컸지만, 소장이 솔선수범하는데 어쩔 것인가. 결국 그들 자신에도 이익이 됨을 알게 되었다. 그 후로는 일이 순조롭게 진행될 수 있었다.

공사가 한창 진행 중에 한 할머니가 다가와서 담배꽁초를 줍는 걸 물끄러미 보다가 말을 걸어왔다.

"소장님! 이쪽 구간 쓰레기는 제가 줍겠습니다." 한다. 그녀는 손자와 살고 있는데, 마땅한 생계수단이 없어 이곳 현장 울타리 한쪽에서 채소를 팔고 싶으니 허락해 달라고 했다. 자초지종을 듣다 보니 현장 터에 채소를 심었던 할머니였다. 불의의 사고라도 날까 염려되어 망설이다가 사정이 딱하여 관리과장을 만나 보라고 했다. 관리과장 역시 나처럼 측은지심으로 할머니를 대했나 보다. 결국 할머니는 길가에 좌판을 차렸다.

할머니는 인부들과 같은 시각에 출근하였다. 신선한 채소를 머리에 이고 와서는 맡은 구역 청소부터 하고 채소를 팔았다. 몇 시간도 안 되어 다 팔고 나면 다시 바닥을 말끔히 정리하고 떠났다.

할머니를 보면서 재삼 느낀 게 있다면 역시 흔적을 남기지 말자였다. 준공할 때까지 공사장 주변은 깨끗이 유지됐다. 그리고 공사의 흔적들을 모두 지우고 깨끗한 건물을 그 지역에 랜드 마크로 선물하고 올 수 있었다. 공사기간 동안 함께한 직원들과 업체들은 힘들고 고된 시간이었을 수도 있었을 게다. 하지만 본사로부터 우수현장으로 수상을 하고 나니 다 함께 기뻐했다.

너저분한 우리 집 앞 공사현장도 흔적 없이 깨끗하게 마무리되

길 바란다. 어디 공사현장뿐이랴. 내가 사는 이 땅 아니, 잠시 빌려 쓰고 있는 이 지구를 떠나는 그때까지는 살아온 흔적 하나 남기지 말고 깨끗하게 돌려주고 떠나리라.

오행에 순응하며

시간은 참 빠르다는 생각이 새삼 든다. 엊그제인 것 같던 평창 동계올림픽이 지난 지도 한참이 되었다. 최선을 다하던 선수들의 모습은 아직도 생생하다.

스물여덟 살의 미국의 스노보드 선수 제이미 앤더슨, 그녀는 2018 평창 동계올림픽 '스노보드 여자 슬로프 스타일'에서 금메달을 목에 걸었다. 올림픽 2연속의 쾌거였다. 또한 '스노보드 여자 빅 에어'에서는 은메달도 땄다.

그녀는 명상하는 자연주의자이다. 평소에 고향 캘리포니아주 타호에 들러 자작나무 숲을 자주 걷는단다. 경기 때마다 엄마 품에서 사랑을 받는 아이처럼 나무를 껴안고 기氣를 받는다. 그러기에 칼바람 속에서도 편안한 표정으로 스노보드를 탈 수 있다.

그녀를 보면서 소박한 농부 철학자 '피에르 라비'가 생각났다. 그는 저서 《농부철학자 피에르 라비》에서 "나는 내 아이에게 나무를 껴안고 동물과 대화하는 법을 먼저 가르치리라. 숫자 계산이나 맞춤법보다는 첫 목련의 기쁨과 나비의 이름들을 먼저 가르치리라."라고 말했다. 정수淨水된 물만 마시고 매연煤煙 속 아스팔트 위만 걸어 다니는 현대인들은 우주를 이루는 4원소인 물, 불, 공기, 흙이 부족하다고. 그래서 정신적으로, 육체적으로 건강하지 못하고 제대로 생의 기쁨을 누리지 못한다고 역설했다.

그런데 그것이 나 자신의 문제일 줄은 꿈에도 몰랐다. 어느 날 의사가 내게 조언했다. 하루에 1시간 이상 햇빛을 받든지 아니면, 비타민D를 먹으라 했다. 긴 여름과 가을의 뜨거운 빛을 잘도 받았는데, 생각해 보니 팔목을 다치고 나서 긴긴 겨울을 건물 밖으로 나가본 적이 별로 없었다. 봄이 와도 코로나19가 나를 잡아 가두었다. 궁여지책으로 햇살이 좋은 날 발코니 창가를 찾아서 햇빛이 피부에 닿도록 했다. 따스한 햇볕이 피부 깊숙이 스며드는 촉감을 찬찬히 느껴보았다.

햇빛을 받은 피부는 나를 지키는 화로다. 우리 몸안에는 불씨를 지니고 불을 피우는 화덕이 있는 것 같다. 몸뿐이 아니다. 옛 고향집에도 부엌을 지키는 조왕신이 있었고, 서양에는 가정을 지키는 화덕의 신 헤스티아가 있었다.

불이 부족하니 불을 모으고, 바람이 부족하면 심호흡을 하는 몸이다. 물이 부족하면 갈증으로 신호를 하는 육체이다. 태양은 몸 밖의 심장이고, 강물은 몸 밖의 혈관이라 하지 않는가.

물, 불, 공기, 흙의 4원소는 우리를 낳은 어머니이고, 우리의 옛 몸이다. 그 원소들이 인연 따라 그렇게 또 그렇게 흘러들어 현재의 몸이 되었다. 그들과 충분히 소통하는 자, 건강하게 살고 건강하게 죽는다.

평창올림픽 개막식 때 인상적이었던 것 중의 하나가 바로 이 자연의 요소를 다섯 아이로 표현한 것이었다. 물, 나무, 불, 흙의 4원소에 금의 바람 혹은 공기를 만질 수 있는 상징인 금과 나무로 바꾸면 5행이 된다. 4원소와 5행은 생을 아니, 인생과 세계를 자연의 원소로 설명하려 했다는 점에서 근본적으로 다르지 않다.

4원소가 아니라 5원소인 5행이 되면 음양을 곱해 10간干이 되고, 12지지地支가 되어 훨씬 다양한 변화를 보여줄 수 있다. 오행설은 우리의 자연관이고 달력이었으며, 생태학이고 세계관이었다.

오행五行은 돌고 돈다. 상생相生으로 돌거나 상극相剋으로 돈다. 상생으로 보면 물이 있어야 나무가 자라고, 나무는 불을 만든다.

불은 재가 되어 흙으로 돌아간다. 상극으로 돌 때는 물은 불을 끄고, 불은 금을 녹이고, 금은 나무를 패고, 나무는 흙의 영양분을 갈취하여 성장하고, 흙은 물을 흙탕물로 만든다.

언제나 강한 존재도 없고 어디서나 약하기만 한 존재도 없다. 서로 기대어 힘을 얻고, 대립하여 투쟁하는 이 순환에서는 영원한 승자도 패자도 없다. 그러니 지금 이 영광도, 이 치욕도 나 자신을 누르고 배워야 할 순환의 과정일 뿐이다. 아모르파티Amor fati에서 얘기한 독일 철학자 프리드리히 니체는 이를 '동일한 것의 영원회귀永遠回歸'라고 명명했다.

흙으로 빚어진 우리는 신선한 바람 덕에 호흡하기 시작했다. 물과 흙으로 빚어지고, 불과 공기로 호흡하는 우리에게는 물, 불, 공기, 흙과 친해져야만 한다.

바람을 가르고 얼음판을 나는 한국계 미국인 스노보더 열일곱 소녀 클로이 김처럼은 살 수 없어도 산책을 하고, 나무를 껴안고, 동물과 눈을 맞출 수는 있겠다. 클로이 김의 영상을 보니 그녀가 어떻게 성장했는지를 알 수 있었다. 그녀가 평창에서 딴 금메달이 자랑스럽고 한편으론 부러운 것도 있지만, 그녀가 누리는 자유로움에 시선이 머문다. 재미교포인 그녀가 만약 한국에서 살았다면 지금도 학원이나 전전하면서 살고 있을지도 모른다는 생각이 든다.

나이 들며 보니 지나가는 바람, 흐르는 물, 태양에서 쏟아지는 불, 끊임없이 변화를 잉태하는 흙이 새삼 소중하게 다가온다. 오행에 순응하게 된다.

오늘 나는 병원에 입원했다. 몇 년 전 수술한 곳을 검사하기 위해서다. 검사로 끝날지, 아니면 다시 추가수술을 할지는 내일 봐야 한다. 결과가 어찌 나오든 오행에 순응하며 살 일이다.

은행나무

창밖이 화창하다. 벌써 봄의 중심으로 들어가고 있다. 그러나 코로나19가 집안에 있기를 강요하니 마음은 겨울에 멈춰있는 듯하다. 벌써 이런 날이 여러 달째 지속되고 있으니 답답한 마음만 소용돌이친다.

코로나19를 따돌릴 요량으로 뒷산 숲속으로 등산을 갔다. 진달래 개나리는 지고 학교 뒷동산에는 벚꽃이 흐드러지게 피어 꿀벌을 유혹하기에 여념이 없었다. 바람에 하얀 꽃잎이 춤을 춘다. 꽃비가 되어 하르르 내려앉는다. 산책로 옆의 도화는 고고하게 서서 산객들의 눈길을 멈추게 한다. 한참을 바라보니 눈이 부셔 마치 무릉도원에 들어온 양 착각이 된다.

집에 있는 화분들이 생각났다. 아내가 기르는 아파트 정원의 꽃밭이다. 그중에는 나무를 심어놓은 화분도 있다. 지난봄에 이사하며 많은 화분들은 여러 집에 시집보냈다. 어느 것 하나 놓고 싶지 않았지만 어쩔 수 없이 공간의 한계로 일부만 데리고 올 수밖에 없었다. 그런데 유독 정든 화분이 하나 있었다. 은행나무 분재다. 우리 집으로 시집온 지 40여 년의 세월이 흐른 듯하다. 처가에서 기르던 분재였는데 어느 날 아내가 가져온 것이다.

이 나무를 보면 내가 결혼 전 처가에 처음 인사를 드리러 방문했을 때를 떠올리게 한다. 그때는 정원 한쪽에서 어린 순을 펼치고 있던 유목이었다. 때는 사월 말이나 오월 초쯤으로 기억된다. 이 사람과 결혼해서 새싹이 자라는 것처럼 가정을 꾸려 키워가며 살리라 상상을 했었다.

정원이 본채를 중심으로 삼면에 배치된 한옥이었는데, 각종 꽃과 과일나무들이 소담스레 가지를 벋고 있었다. 결혼 후에는 서울에서 멀리 있어 자주 가지는 못했지만 갈 때마다 봄여름에 꽃을 보는 재미와 가을에는 홍시, 사과, 대추 등 과일을 따먹는 맛이 쏠쏠했다.

처가에 처음 갔던 날을 나는 잊을 수가 없다. 사귀는 아가씨의 부모님을 처음 상견하러 가는 날이었는데, 나는 회사에서 실시하는 원주시 신림면에 있는 가나안 농군학교에서 교육을 마치는 날이었다. 터미널에 도착하니 6남매 중 맏딸인 아가씨는 동생과 마중을 나와 있었다. 처음 집에 들어서니 교장 선생님이신 아버지는 모시한복 차림으로 나와서 반갑게 맞아주셨다. 어머니는 점심 준비로 분주하셨다. 몇 마디 말씀을 나누고 점심을 먹게 되었는데, 큰 교자상에 음식이 빽빽하게 차려져 나왔다. 해산물과 육류를 비롯해 반찬은 그야말로 산해진미였다. 한 번도 맛을 보지 못했던 것들도 있을 정도였다. 음식 솜씨가 얼마나 좋고 정성을 들였는지 입에 착착 당겨 정신없이 먹다 보니 초면에 일어나기조차 힘들었다.

1년여 후 결혼식을 올리게 되었다. 처음 방문했던 날 장모님이 해주신 음식 맛을 지금도 잊을 수가 없다. 생선구이며 열무김치 등이 나를 더 끌리게 했던 모양이다. 독신자 아파트에서 먹던 음식과는 차원이 다른 맛이었다. 기숙사의 식단도 당시의 타 회사보다는 훨씬 질이 좋기로 소문이 나 있었지만 지금 돌이켜 생각해보니 집밥이 먹고 싶었던 욕망이 컸던 것 같다. 집을 떠나 있다 보니 우리 어머니가 해 주시던 밥을 먹고 지낸 시간도 꽤 오래되었기 때문이기도 했을 것이다. 그런데 장모님이 차려주신 상차림이 나에게는 지금까지 받아 본 밥상 중에 최고의 밥상이었다.

그런 추억을 마련해 주신 장모님이 지금은 안 계시니 애석한 마음 금할 길 없다. 매사에 분명하게 딸을 대하면서도 한없이 자상하던 그분, 그리고 맏사위인 나를 무척이나 어려워하며 아껴주셨다. 그렇게 대해 주시는 데 반해 나는 데면데면한 사위였던 것 같다. 왠지 내가 자란 환경과 다른 분위기를 극복하지 못하고 나 자신도 어렵기 때문이었던 것 같다.

집에 있는 은행나무가 아직 잎을 틔우지 않고 있다. 책을 읽다가 눈이 침침해지면 일부러 나와서 은행목과 눈맞춤을 한다. 그런데 움이 조금 틔어 나오고는 더 자라질 않고 멈춰 버렸다. 예년 같으면 밖의 은행나무보다 한참 먼저 싹이 트고 잎이 피었는데. 이번 봄은 아직도 겨울인 줄 아는지, 애간장을 태우게 한다. "제발 살아서 싹만 터다오!" 이렇게 빌고 또 빌었다.

은행나무는 장모님을 떠올리게 한다. 그분은 심한 병으로 거동이 점점 불편해지셨다. 매일 효자동으로 침을 맞으러 다니셨다. 꼬박 2년을 과천에서 차로 6남매가 교대로 모시고 다녔다. 하루도 거르지 않았다. 나도 여러 번 모시고 침 할머니 집을 다녔다. 장모님은 나에게 "임 서방이 있어 내가 든든해. 고마워!"라고 늘 사위를 두둔하셨다.

지금도 나는 장모님께서 "임 서방, 나 좀 병원에 데려다 주게나!"

하고 얘기하실 것만 같다. 우리 집 수호신이나 진배없는 은행나무가 내 옆에서 장모님처럼 우리 집을 지켜왔는데, 아직 잠을 자고 있다.

'네가 없으면 아내는 너무 심심할 것만 같구나. 꼭 다시 새싹을 틔워다오. 부탁이다. 우리 집 정원에 네가 맹주로 영원히 함께해 주기를 간절히 염원한다.'

낙관落款

한 해가 기우는 연말에 송년 산행을 했다. 친구 6명과 함께였다. 북한산성 입구에 단골로 가는 커피숍에서 만났다. 오랜만에 아산과 중산까지 모였다. 지난달에 우리 곁을 먼저 떠난 벽산의 자리만 비었다.

벽산을 추모하는 기도로 시작하여, 지난 병신년을 돌아보는 시간이었다. 수많은 일들이 있었던 긴 시간의 한 해가 벌써 지나가고 세밑이 코앞에 와 있었다. 세월은 어느새 지름길로 달려와 내 앞에 서서 빨리 오라고 손짓을 하는 듯했다. 지난 한 해를 추억하며 각자 읽은 책 얘기도 오고갔다.

2주 전에 신안수필집 《쉼표 하나》를 한 권씩 나누어 주었고, 지난번에 불참한 친구들에게도 한 권씩 전했다. 그리고 나는 1년 동안 수고한 신 회장에게 《사피엔스》란 책을 선물했다. 아산은 다산 정약용의 《하피첩》이란 책을 회장에게 선물했다. 그리고 나에겐 《홍대용》이란 책을 주었다. 천안 출생의 실학자이자 과학자이기에 준다고 했다. 그런데 회장인 평산께서 책을 내면 낙관을 찍어야 한다며 나의 낙관을 제작하여 가져왔다. 그것도 장안에서 제일 유명한 도장집에서 제작한 수제품이었다. 나무 재질은 흑단목黑檀木이었다. 성명인은 林洛鎬印, 호인은 樂山, 두인頭印은 樂山樂水였다.

나는 사실 낙관을 비중있게 생각해 본 적이 없다. 그림을 그리는 사람도 서예를 하는 사람도 아닌데 그리고 더더욱 작가도 아니기 때문이었다. 그런데 선물을 받고 곰곰이 낙관의 의미를 생각해 보았다. 도서나 그림을 선물할 때 사인보다는 낙관이 품위 있다고 했다. 몇몇 친구들은 일찍부터 낙관을 사용하고 있었다. 그래서 나는 그 자리에서 가져간 책들에 직접 낙관을 찍어서 주었다. 계산은 낙관을 받기 위해 지난번에 준 수필집을 다시 가져왔다. 다섯 권의 책을 모두 찍고 나니 이마에 땀이 맺혔다.

산행과 송년회식 동안 그리고 귀가하는 전철에서 낙관에 대해 더 생각해 보았다. 내 작품에 낙관을 제대로 사용할 때가 올 수 있을까? 빨리 오면 좋겠는데! 나의 수필집이나 소설이 언제쯤 나와서 낙관을 사용할 수 있을지 모르겠다. 아직 준비는 아무것도 되어 있지도 않은데, 걱정이 앞선다. 어쨌든 지금부터라도 준비를 해야겠다는 마음을 다잡아 본다.

낙관이란 낙성관지落成款識의 약자로 서화를 완성하고 마무리 짓기 위해서 작가의 자호字號, 제작 연월일, 제작 동기 그리고 시문時文 등을 기록한 것을 말하는데 넓은 의미에서는 도장을 찍는 것도 포함된다. 관款, 관지款識, 관서款署, 관기款記라고도 한다. 아마도 동양정신에서는 여백의 아쉬움 때문에 낙관이 유래했을 것이라는 생각이 든다. 옛날 그림들의 한 구석에 붉은 낙관의 인주는 마치 희끗희끗한 눈발이 덮친 해안 언덕에 빨갛게 익어가는 자금우 열매를 볼 때처럼 황홀감을 불러 일으켜 주는 듯하다.

낙관에 사용되는 도장은 양각(朱文)이나 음각(白文)으로 되어 있다. 서화에 주로 쓰이는 주문방인朱文方印은 양각으로 새겨 글씨 부분이 붉게 나오는 네모난 도장을 뜻하며, 백문방인白文方印이란 음각으로 새겨 글자가 하얗게 나오는 네모난 도장을 말한다. 나의 성명인과 두인은 백문방인으로, 호인은 주문방인으로 새겨졌다. 도장 재료로는 주로 목재, 석재, 금속재, 동물의 이빨 등을 사용한다. 유명한 재료에는 중국에서 나오는 전황석, 계혈석이 있고,

옥, 수정, 상아 등이 있다.

낙관의 위치는 일정하게 정해진 바는 없지만 화면의 공간 배치에 따라 작품의 품격을 좌우할 수 있으므로 낙관의 위치 선정은 작가의 심미안에 달려 있다.

교양과 품위 있는 산우님들 덕분에 나도 덩달아 한 차원 높아진 느낌이 든다. 18세기 조선의 백탑파나 11세기의 북송 5자들의 삶이 떠올랐다. 그들과 같은 삶을 감히 내가 따라하지 못하겠지만, 닮고 싶은 욕심은 있다. 산우님들과 함께한 시간도 40년이 넘었다. 낙관을 바라보며 그들에게 누가 되지 않는 삶을 살아야겠다는 생각을 했다.

신팔여거사

아내와 산행 겸 소풍을 가기로 하고 아산에 있는 영인산으로 향했다. 연휴라서 차가 밀릴지 몰라 일찍 서둘렀다. 9시 반쯤인데도 주차장엔 빈자리가 거의 보이지 않았다.

날씨가 아주 따듯했다. 그런데 시계示界가 온통 뿌옇게 흐렸다. 숲속 아침 공기는 상쾌했지만 미세먼지가 문제였다. 우리는 마스크를 썼다. 그런데 대부분의 사람들은 착용하지 않고 걷고 있었다. 구글 지도를 확인만 해도 전국이 새빨갛게 뜨는데 미세먼지의 심각성을 잘 모르는 것 같았다.

한참을 걷다 보니 후덥지근하고 숨이 가빴다. 그래서 물이 흐르는 계곡을 따라 예쁜 꽃 향연을 음미하며 천천히 걸었다. 앙증맞은 은방울꽃, 탱자나무 꽃, 보리수꽃 등이 예쁘다며 아내는 꽃을 따라갔다. 영산홍은 이미 철이 지났지만 아직은 볼만했다. 온 산에 가지각색 영산홍을 잘도 심어 놓았다. 아! 참 예쁘다. 천안으로 이사 와 몇 번 와봤지만 볼수록 새로운 경관이었다.

산림박물관에 도착하여 솔솔 부는 바람을 맞으며, 자색꽃 등나무 그늘 아래 쉼터에 걸터앉아 간식을 먹으며 얘기를 나누었다. 몇 달 전에 위암 수술을 받고 회복한 누나와 어제 한식당에서 점심식사를 했었다. 식사를 한 곳은 노부부와 작은아들이 운영하는 큰 식당이었는데, 부부는 우리보다는 좀 젊어 보였다.

그 집에는 아홉 살 먹은 손자가 있다. 천재적인 재능을 가지고 있다고 했다. 영어와 한자를 잘하고 화학을 특히 좋아한다고 해서 테스트해 보려고 화학기호와 주기율표 질문을 던지니 술술 대답을 잘도 했다. 아홉 살 아이로는 상상을 넘는 수준이었다. 그래서 나는 그에게 프리모 레비의 자전적 소설 《주기율표》를 소개해 주었다.

그런데 식당일을 오래 하다 보니 일에 지치고 피로가 쌓여 노부부는 병까지 얻어 고생한다고 했다. 요즘은 장사도 덜 되고 지출되는 돈이 많아서 적자를 면치 못하고 있다고 한다. 그래서 식당과 부지를 통째로 내놓았지만 구매자가 선뜻 나타나지 않는단다.

식당 주인은 누나와 오랜 친분이 있는 사람이다. 음식 솜씨도 좋고 남에게 베풀기를 좋아하는 성품인데 어쩌다가 이런 어려움에 처하게 됐을까? 그래도 손자가 많은 위안은 되겠지만 근본적인 문제는 쉽게 풀릴 기미가 엿보이질 않았다. 모든 일이 잘 풀리기만을 기원했다.

조선 중종 때 사재思齋 김정국이라는 선비가 있었다. 그가 황해감사를 지낼 때 《경민편警民編》을 편찬하여 백성의 교육에 기여했고, 또 《사재척언思齋摭言》이란 빼어난 야사를 지어 당시의 사회상을 날카로운 필치로 그려냈던 인물이었다. 그러던 중 1519년 훈구대신들에 밀려 많은 사림士林들이 죽거나 쫓겨난 기묘사화가 일어났다. 사재 역시 정계에서 쫓겨나게 되었다. 고양군 서쪽 망동리에 은휴정恩休亭이란 정자를 짓고 학생을 가르치고 책도 읽으며 지냈다. 은휴는 임금님 덕택에 쉰다는 뜻이다. 그는 벼슬할 때와는 다르게 생활이 바뀌자 호를 팔여거사八餘居士로 지었다. 여덟 가지 넉넉한 것이 있다는 좀 생뚱맞은 호였다. 그 내용은 다음과 같다.

"토란국과 보리밥을 배불리 넉넉하게 먹고, 부들자리와 따뜻한 온돌에서 잠을 넉넉하게 자고, 땅에서 솟는 맑은 샘물을 넉넉하게 마시고, 서가에 가득한 책을 넉넉하게 보고, 봄날에는 꽃을 가을에는 달빛을 넉넉하게 감상하고, 새들의 지저귐과 솔바람 소리를 넉넉하게 듣고, 눈 속에 핀 매화와 서리 맞은 국화에서는 넉넉하게 향기를 맡는다네. 한 가지 더, 이 일곱 가지를 넉넉하게 즐기기에 팔여라고 했네."

나에게도 여덟 가지 감사할 것이 있다. 이를 신팔여거사新八餘巨士라고 하고 싶다.

나는 그래도 참 좋은 시절에 호사를 누리며 살 수 있으니 얼마나 좋은가! 사재 김정국처럼 쫓겨나지 않고 일도 잘했으니 감사하고, 편리한 아파트에서 살 수 있으니 감사하고, 좋은 책을 맘껏 읽을 수 있으니 감사하고, 철따라 유람할 수 있으니 감사하고, 등산하며 좋은 산수와 꽃을 보니 감사하고, 좋은 친구들과 삼삼오오 모여 좋은 음식과 커피도 즐길 수 있으니 감사하고, 여기에 더해서 팔여거사가 하지 못했던 해외여행도 할 수 있으니 이 또한 감사하고. 한 가지 더해서 외국인과 대화도 조금은 나눌 수 있으니 기쁘고 감사하지 않은가! 이것이 신팔여거사가 아니고 무엇이겠는가? 감사의 마음을 담아 신팔여거사로 살아보려고 내 방문에 청운당靑雲堂이란 명패도 붙여 놓았다.

아내는 다리가 아프다며 등나무 아래서 쉬기로 하고 나는 혼자서 영인산 꼭대기를 찍고 왔다. 그곳에도 겹매화, 박태기꽃, 송화, 참나무꽃 등이 한창 만발해 있었다. 아무에게나 잘 보여주지 않는 꽃들도 많이 볼 수 있었다. 나는 조금은 꽃을 잘 보는 눈이 있다고 생각해 본 적이 있다. 하산은 호젓한 샛길을 택해서 걸었다.

한 시간이나 기다려서 쌈밥정식을 맛있게 먹고 나니 포만감에 오수가 밀려왔다. 흐릿한 의식 저편에 사제 김정국의 삶이 그려지고 나의 삶이 겹쳐 팔여거사와 신팔여거사로 오버랩 되었다.

퇴원 날

드디어 퇴원을 했다. 팔을 다친 지 18일 만이었다. 병원생활을 하다 보면 누구나 아파서 또 지루해서 견디기 힘들기 마련이다. 그래도 나는 좀 지루하기는 했지만 큰 불편 없이 잘 지낸 편이다. 잠도 잘 잤다. 조용히 책장을 넘기는 호사도 누렸다. 눈 내리는 창밖을 내다보며 사색에 잠겨 보기도 했다. 병원 의사들을 비롯한 직원들이 모두 친절했다. 최선을 다해 치료와 간호를 아끼지 않았기 때문에 그저 감사하다. 심지어 청소나 식사 서비스까지도 최선을 다하는 모습에 미안할 정도였다. 내가 이런 호강을 누리며 치료를 받을 수 있는 것이 얼마나 감사한지. 또 한편으로는 아들이 이렇게 좋은 분들과 같이 일을 한다는 것에 더 안도했다.

이번에 팔이 부러져 입원을 하고 보니, 한 팔의 역할이 얼마나 대단한가 실감하게 되었다. 옷을 맘대로 입을 수 있나, 세수를 제대로 할 수 있나, 목욕을 혼자 할 수 있나, 그런 모든 나의 일거수 일투족에 아내의 손길이 안 미치는 곳이 없었다. 팔에 깁스를 하지 않았다면 아내의 숨은 헌신을 모르고 넘어갔을 텐데 말이다. 평소 일상에서는 내조의 고마움을 잘 모르고 살아왔었다. 자다가도 내가 찾으면 잠도 안 자고 기다리기라도 한 듯이 벌떡 일어나 보살펴 주었다.

퇴원하는 날 아내가 운전하는 차를 타고 오는 동안에 피곤이 밀려왔다. 운전 중에도 내가 불편할까 신경 쓰는 모습이 역력했다. 아내가 아니면 누가 나를 간호해 줄 수 있겠는가? 반대 입장이 되면 나도 그렇게 할 것이라고 마음속으로 다짐했다. 아니 그 이상으로 해주고 싶은 생각이다.

결혼 후 나는 많은 일을 아내에게 맡겼다. 학교를 졸업하고 전공을 따라 건설인으로 살다 보니 집에서 지낸 시간보다 객지에서 지낸 시간이 더 많았다. 이별 아닌 별리의 생활을 한 셈이다.

그러다 보니 나의 빈자리는 늘 아내가 대신했다. 집안일이나 아이들 교육도 그랬다. 심지어는 집을 사고파는 일이나 이사를 하는 것조차도 아내가 주도적으로 한 경우가 대부분이었다. 돌이켜보면 아내는 정말 억척스러운 삶을 이끌어 왔다. 다른 가정의 아내들도 그렇게 살고 있을까. 내가 한 일이라고는 고작 회사에서 일하고 월급을 타다 준 것밖에는 없었다.

집에 도착하여 현관문을 열고 들어서니 오랫동안 비워둔 집안이 썰렁했다. 보일러를 가동시키니 실내에 금방 온기가 감돌았다. 거실과 발코니의 꽃들은 여전히 싱그러운 산소를 내뿜고 있었다. 꽃기린, 베고니아, 사랑초 등이 환하게 맞아주었다. 퇴원 짐을 정리하고 평소와 같이 둘이서 오붓하게 저녁 식사를 즐겼다. 아내는 부러진 뼈가 빨리 굳으려면 잘 먹어야 한다며 질 좋은 한우고기를 구워 먹자고 했다.

식사 후 아내가 한마디한다. “어딜 가도, 누가 아무리 잘해줘도 내 집만 한 곳이 없지!” 나도 동감하며 “내 집이 젤 편하지!” 하고 거들었다.

퇴원하기 직전에 한 친구로부터 특별한 카톡 하나를 받았다. 퇴원하고서도 읽고 또 읽어 보았다. 너무나 감동적인 스토리였다.

6·25 전쟁 당시 한쪽 눈을 실명하고 팔다리를 다친 2급 장애인 국가유공자 아버지와 그의 아들에 대한 얘기였다. 어린 아들에게 그런 아버지가 달갑지 않았다. 친구들은 그를 ‘병신의 아들’이라고 놀려대기 때문이었다. 게다가 그에게는 가난이 늘 따라다녔다. 아버지는 미안한 마음을 술의 힘을 빌려 “아들아, 미안하다.”라고

뇌까렸다.

그런 그에게 고난은 끊임없이 이어졌다. 중학교 땐 축농증이 너무 심하여 국가유공자 복지카드를 들고 병원을 찾아갔는데, 간호사는 싸늘하게 문전박대를 했다. 다른 병원을 가보라는 말만 했다. 여러 병원을 전전했으나 마찬가지였다. 이런 일을 겪으며 이 사회가 얼마나 장애인과 그 가족들을 무시하는 비정한 집단인지 실감했다고 한다.

그런데 얘기는 여기서 끝이 아니었다. 그는 자신을 받아줄 병원을 찾던 중 그의 삶을 바꾸게 되는 의사를 만난 것이다. '이학산'이란 이름의 외과 의사였다. 그는 내민 국가유공자 복지카드를 보고 이렇게 말했다. "아버지가 자랑스럽겠구나!" 그리고 아이를 정성껏 치료해주고 치료비도 받지 않았다. 그리고 마음을 담아 이렇게 격려까지 해주었다. "열심히 공부해서 꼭 훌륭한 사람이 되어라!" 이 한마디가 그에게는 삶의 지표가 되었다고 한다. '의사가 되어서 가난한 사람을 돕자. 아픈 사람을 위해 봉사하며 살자!' 그에게 삶의 대원칙이 세워진 셈이었다.

이렇게 마음을 다진 사람이 바로 아덴만의 영웅 석해균 선장을 살리고, 얼마 전 판문점을 통해 귀순한 북한 병사를 수술해 살린 이국종 교수다. 그가 소년시절 이학산 의사의 한마디가 없었다면 오늘의 그는 없었을지도 모른다. 부끄럽다고 생각한 복지카드를 자랑스럽겠다고 해준 한마디가 세상을 아름답게 보게 된 동기였다.

이 이야기는 우리 아이들의 성장과정을 떠오르게 한다. 조용히 회상해 보았다. 나보다는 아내가 아들, 딸에게 꿈을 많이 심어 주었다. 각자가 하고 싶은 일을 하라고 했고, 그렇게 자랐다. 아들은 고등학교 때 외할아버지가 간경화로 돌아가시는 것을 보고 물리학을 전공하려던 진로를 의학으로 변경했다. 지금은 휴가철이면 병원이 없는 도서지방으로 의료선교도 나간다. 이국종 교수에게는 훨씬 못 미치겠지만 의사로서의 본분을 충실히 이행하고 있다.

어린 손자들에게도 아내가 했던 교육방식이 적용되면 좋겠다고 생각했다. 물론 교육은 그 애들 부모의 몫이지만, 아이들이 자라면서 좋아하는 전공을 택했으면 좋겠다. 나의 조그만 소망은 나보다는 남을 먼저 배려하고, 내 가족보다는 내 이웃을 생각하고, 우리보다 처지가 안 좋은 사람들의 손발이 되어 주었으면 하는 것이다.

입원 기간 동안 치료받고 쉬면서 나를 되돌아보는 좋은 계기가 되었다. 힘들었던 것보다는 깨달음이 더 많은 시간이었다. 이제 나도 철이 드나 보다. 병원으로부터 받은 친절과 정성에 감사한 마음을 누군가에게 전해야겠다는 생각이 든다. 아직도 팔은 정상이 되려면 많은 시간이 필요하다. 통증이 아직은 남아 있지만 그래도 나는 행복한 꿈속으로 빠져들고 있다.

설 풍경

설이 지났다. 길 것 같았던 4일간의 연휴가 끝나고 보니 너무 쉽게 지난 것만 같다. 그러나 쉽다기보다는 누군가의 정성 어린 노고가 있었다는 생각이 든다. 우리 집의 경우는 나보다는 아내가 더 고생을 한다. 늘 명절이나 가족 행사는 아내가 뒤치다꺼리를 도맡아하기 때문이다. 물론 아이들도 일조하긴 한다. 어느 가정이나 비슷하겠지만 간혹 그렇지 않은 경우도 있는 모양이다. 아내와 나는 미리 음식을 준비하고 예약한 아파트단지 내 게스트하우스로 짐을 옮긴다.

우리는 아들딸네 가정이 모두 우리 집에 모여서 명절을 보낸다. 대구가 시댁인 딸 가족은 설날 밤에 합류한다. 기독교 가정인 관계로 가정예배로 차례를 대신한다. 아이들이 결혼 전부터 가족예배를 드렸기에 자연스럽게 종교의식이 진행되는 것이다. 전에는 예배 준비를 내가 맡았었다. 그러나 이제는 아들과 사위가 교대로 준비를 한다. 이번 설에는 딸이 예배 준비를 했다. 대표기도는 내가 했고, 각자의 새해 소원은 통성기도로 저마다의 꿈과 소원을 빌었다.

올해는 막내 손주들인 서현이와 형주가 처음으로 학교에 입학하는 해이다. 그래서 학교생활에 잘 적응하길 온 가족이 성원했다. 그리고 요즈음은 나라 경제가 어려운 때인지라 함께 근검절약하는 생활태도를 기르도록 당부했다.

세태가 변한 탓인가. 명절증후군 운운하며 며느리들이 시댁에 가려 하지 않는다는 얘기들이 많이 회자된다. 이것은 경로사상이 사라지고 이기주의를 앞세우는 탓은 아닌지 재고해 보아야 할 문제다. 부모를 공경하는 효심은 아니더라도 최소한의 예의만 있어도 그런 생각은 못할 것 같다. 그런 이면에는 어른들이 자식들로부터 앉아서 어른 대접받기만을 바라는 데서 온 이유도 있을 게다. 부모들이 한 발짝 물러서서 먼저 자식의 입장을 헤아린다면 이런 말이 생기지는 않았을 것이다. 어른이 먼저 다가가 감싸주면 될 것이 아닌가. 치열한 생존의 장에서 물러나 어른들에게 기대어 편히 며칠 쉬고자 함을 이해해 줘야 하지 않을까.

집사람은 며느리가 시댁에 오면 일을 못 하게 한다. 딸이나 아들이 설거지를 거들면 말이 없다가도 며느리가 나서려면 극구 말린다. 편히 쉬다가 가라는 배려일 것이다. 물론 아내의 건강이 좋은 편은 아니다. 평소의 생활도 버거운 편이지만 모처럼 만난 아이들에게 궂은일은 시키지 않으려 한다.

그런데 며느리는 며느리대로 팔을 걷어붙이고 나서서 솔선해서 일을 한다. 어머님께서 힘이 드시니 편히 쉬시라는 것이다. 감사한 마음이다. 나는 요리는 못하지만 다른 일을 조금씩 돕는다. 아들·며느리와 딸·사위가 우리 집에 오면 편안한 마음을 느끼는지 알 수는 없지만, 손주들은 할아버지, 할머니가 마냥 좋기만 하단다. 어리광을 다 받아줘서일까? 나는 그렇게 생각하지 않는다. 때에 따라선 준엄하게 혼내주기도 하니 말이다.

내가 자랄 때 고향에서 맞이한 설날 풍경이 생각난다. 섣달 그믐날은 '까치설'이라 칭했다. 이날 밤에 잠을 자면 눈썹이 하얗게 센다고 했다. 그래서 잠을 안 자려고 안간힘을 쓰다가 마침내 나도 모르게 잠에 빠져들고 만다. 아침에 일어나면 누나들이 눈썹에 밀가루를 발라놓고 놀리곤 했다.

또 한 가지, 초등학교 저학년 때쯤으로 기억되는 우스운 사건이 하나 있었다. 설날에 친구들과 무리 지어 동네 어른들께 세배를 다녔다. 당시는 어린이들이 세배를 가면 떡과 식혜를 곁들여 알싸

한 농주까지 대접 받았다. 몇 집을 돌다 보면 조금씩 마셔도 취기가 돌았다. 그런데 여러 집을 거친 후 어느 집에서 세배를 하려고 구부리다가 한 아이가 옆으로 픽 쓰러졌다. "어, 내가 왜 이러지?" 하며 일어나려다가 또 쓰러지곤 했다. 그때의 순수했던 고향의 설 풍습이 새삼 그립다.

풍습은 변하더라도 가족이 모인다는 것만으로도 설날은 즐겁다. 우리는 헤어지는 날 외식을 했다. 내가 자주 가던, 청국장을 잘 끓이는 한식집에서 점심 겸 저녁 식사를 했다. 아이들도 고기를 계속 먹은 탓인지 모두 담백하고 구수해서 좋다고 이구동성으로 말했다. 나는 지인이 천안에 오면 이 식당에 꼭 들른다. 버섯전골에 영양 돌솥밥까지 곁들일 수 있는 구수한 청국장 메뉴다.

오늘날의 설날 풍경은 내 어릴 적 추억에서 점점 멀어져 간다. 내가 간직한 옛적의 기억이 희미해져서일까? 아니면, 세상이 변해서일까? 어쨌거나 원단元旦과 나이[歲]의 뜻을 지닌 '설'은 배달민족이 세세로 지켜온 최대의 명절이다. 없어져서는 안 되는 고유의 풍속이 깃든 역사이기도 하다. 앞으로도 변함없는 민족 최대의 명절로 보존되기를 희원한다.

올해가 다 가면 나는 다시 설레는 마음으로 아내와 함께 명절음식을 마련하고 흩어져 사는 가족들과 친척을 기다리리라.

콩국수와 수제비

기온이 40도를 오르내리는 삼복더위이다. 한 친구가 여의도 여름 최고의 음식인 진한 콩국수를 대접한다고 초청했다.

콩국수는 어렸을 때 어머니가 여름 보양식으로 해주시던 별미 두 가지 중 하나이다. 그날 먹은 콩국수 맛은 어렸을 때를 연상케 했다. 먹을 게 흔치 않던 때이지만 우리 집에서는 콩국수를 가끔 먹을 수 있었다. 전란 전후로 콩국수를 먹는 것은 쉬운 일이 아니었는데, 어머니는 여름마다 한두 번은 콩국수를 만들어 주셨다. 이는 무더운 삼복의 보양식이었다. 보리밥을 주로 먹던 시절에 콩국수는 별식이 아닐 수 없었다.

어머니께서 해 주시던 또 다른 여름 음식은 수제비였다. 어머니는 점심식사 후부터 수제비 만들 준비를 하셨다. 대청마루에 맷

방석을 깔고 보름달 같은 반죽을 홍두깨로 여러 장을 밀어내셨다. 넓은 보름달은 마른 가루를 뿌리며 겹겹이 접혀졌다. 그것을 식칼로 송송 썰어서 준비를 하셨다.

수제비를 썰다 끝을 남겨주시면 형과 나는 그것을 숯불에 구워 먹기도 했었다. 겉이 노릇노릇해지고 복어의 배처럼 부풀어 오르면 뜨거운 열기가 식기도 전에 호호 불며 먹곤 했다. 중동지방에서 일할 때 양고기를 싸서 소스(Homus)에 찍어 먹던 걸레빵(Khobez Lebannez)이라 부르던 빵이 바로 그 맛이었다. 그것은 인도 식당에서 나오는 난(Naan)과는 좀 다른 맛이다.

나는 어렸을 때 수제비가 밀가루 음식 중에 제일 맛있는 음식인 줄 알았다. 한여름 삼복더위에 온 가족이 마당에 펴놓은 평상에서 먹는 수제비 맛이란 비교할 게 어디에도 없었다. 어머니가 갓 끓여 내온 수제비에 참기름을 둘러 송송 썬 호박 고명이 얹힌 그 맛이란…. 자주색 감자를 넣고 끓인 수제비는 맛이 더더욱 좋았다.

대가족이었던 우리 집의 식사는 늘 시끌벅적한 시골 장터를 방불케 했다. 그래서 더 맛이 좋았나? 아버지께서는 세 그릇을 거뜬히 드셨다. 어린 우리는 한 그릇이면 적다고 욕심을 내보지만 배가 불러 더는 먹지 못했다. 어머니는 특히 나를 더 많이 담아주셨던 것 같다.

그날 콩국수는 여의도백화점 진주집이란 식당에서 먹었다. 여의도에서 가장 유명한 집이란다. 점심시간이 끝나갈 시각인데도 상가 골목길에서 긴 줄을 서서 기다렸다.

친구들은 질과 양에 만족하고 맛있게 먹었다. 콩국수 국물이 너무 맛있었다. 속된 말로 국물이 끝내줬다. 입담 좋은 재주꾼인 한 친구는 둘이 먹다 둘 다 죽어도 모를 정도란다. 친구들은 콩국수에 대한 칭찬을 한마디씩 했다.

그날 시원한 콩국수 국물을 들이마시며 어릴 때 먹었던 콩국수 맛이 아련하게 떠올랐다. 어머니가 만들어 주셨던 콩국물이 정말 맛있었는데…, 그 맛이 그립다. 무더운 여름 맷돌에 콩을 갈던 어머니와 큰누나의 이마에 맺힌 비지땀은 맷돌에서 흘러내리는 콩국물 같았다. 그렇게 만들어 주신 콩국수는 시원한 툇마루의 냉기를 더해서 매미 소리와 함께 허기진 뱃속을 채워 주었다. 어려웠던 그 시절에 먹었던 콩국수 맛이란 그날 먹었던 그 맛에 비교할 수는 없다. 그날 먹은 콩국수가 맛이 없어서가 아니다. 어머니의 음식 솜씨는 유난히 좋으셨다. 어머니의 솜씨와 직접 농사지은 콩으로 만든 것이니 식당의 음식이 아무리 맛나다 해도 비교의 대상은 될 수 없다. 추억 속에 켜켜이 쌓인 맛이 되살아나 반세기도 훨씬 지난 입맛을 되돌리고 있었다. 이렇게 옛 추억을 일깨워 준 친구들에게는 한없이 고마움을 느꼈다.

요즘은 음식 문화가 발달하고 각종 매체를 통해 수많은 종류의 레시피와 음식들이 소개되고 있다. 그리고 식재료도 훨씬 더 다양해졌다. 음식의 경향은 전통을 벗어나 서구화로 치닫고 있다. 음식을 음미하는 미각도 마찬가지다.

그렇지만 우리 고유의 입맛은 옛 추억에 머물고 있는 듯하다. 영원히 잊을 수 없는 맛, 엄마표 밥상 맛이다. 삼복의 태양 볕이 작열하는 한낮이 되어 시원한 국물을 갈망할 때면 어머니의 손맛이 담긴 구수하고 시원한 콩국수가 그리워진다. 무던히 달궈진 지구에 태양 빛이 서쪽으로 기울 때는 구수하고 뜨거운 김이 코끝을 점령하던 어머니가 땀 흘리며 끓여주시던 수제비가 먹고 싶어진다.

돌아보면 어머니는 정말로 사랑의 수호신이었다. 모든 어머니들이 다 위대하시지만 언제나 내 가슴에 계시는 유일하신 나의 어머니시다. 이번 여름 같은 폭염에는 더욱 그립다. 가슴으로 "어머니, 우리 어머니."를 외쳐 불러본다. 다시는 먹어볼 수 없는 어머니의 솜씨가 담긴 여름의 별미 음식이 사무치게 먹고 싶다.

매미 우는 그늘에서 먹던 시원하고 구수한 냉콩국수와 모깃불

피워놓고 여름밤에 먹던 뜨거운 수제비가 새삼 그리워지는 여름 밤이다.

포스트 코로나

장마가 지나고 날씨는 완연한 가을로 접어들었다. 사회적 거리두기를 외쳐대며 조심하라던 날이 진정 국면으로 접어드는가 싶더니 기대와는 달리 2차 팬데믹 패닉에 빠져들고 말았다.

안타깝게도 정부의 선부른 판단과 성급한 말을 비웃기라도 하듯 코로나19 확진자 수는 점점 증가하는 추세다. 특히 이번 8월의 경우에는 2차 팬데믹의 유행을 막을 수도 있었다. 긴장의 끈을 푼 게 화근이었다. 어쩌자고 여행도 하고, 외식도 많이 하라고 쿠폰까지 돌렸을까. 게다가 연휴까지 늘려 사람들을 유원지와 요식업소, 숙박업소로 내몰았다. 그게 꺼져가는 불씨에 기름은 부은 결과가 됐다. 그렇지 않아도 지친 서민들을 다시 사지로 내몬 결과를 초치하고 말았다. 엎친 데 덮친 격으로 장마와 태풍까지 닥쳐서 삶의 의욕이 완전히 산산조각 난 상황에 이른 사람이 한둘이 아니다. 견디지 못하고 극단적 선택을 했다는 기사도 보인다.

그런데 여기에 한 수를 더 올려 가뜩이나 치료와 방역에 지친 의료진을 자극하고 말았다. 공공의대를 설립한다는 둥, 지금도 넘치는 의사 수를 늘리겠다는 둥, 긴급 상황이 생기면 북한에 의사를 강제로 파견하겠다는 둥, 국정 책임자답지 못한 말을 쏟아내고 여론의 뭇매가 쏟아지면 비서관이 한 일이라고 핑계를 댄다. 이런 일이 한두 번이면 애교로 볼 수도 있겠지만. 이제는 거짓말하는 목동을 능가하고 있다. 이는 국민을 끌고 불 속으로 들어가는 것과 무엇이 다른가.

지금까지 방역이 잘 지켜진 것이 정부는 자기들의 공이라 자랑하고 싶은 마음을 숨기지 못하고 있다. 이는 순전히 국민들의 마스크 쓰기, 손 씻기, 생활 속 거리 두기 그리고 영업의 최소화 등 방역 수칙에 솔선수범했고, 의료진의 헌신적인 봉사가 이루어낸 쾌거가 아니던가. 이런 위기 상황이 아니더라도 정부는 국민의 안전만을 생각하고 겸손하게 임해야 한다. 공무원은 무슨 일을 하는 사람인가? 지위 고하를 떠나 공무원은 국민의 녹을 받고 봉사하는 공복이 아니던가.

코로나는 예상했든 아니든 우리의 삶에 수많은 변화를 가져왔다. 일상에 우선 먼저 챙겨야 할 것이 한두 가지가 아니다. 마스크와 손소독제는 최우선 필수품이 되었다. 사회적 거리 두기는 이제는 생활의 중심이 되었다. 지금은 다시 대유행으로 2.5단계의 조치로 10명 이상 모이는 모임이나 행사는 전면 취소되었다. 학교 가는 손주들은 주 1회 등교하고 나머지는 줌으로 수업을 한다. 그마저도 칸막이에 갇혀 친구의 얼굴도 모르고 말도 나누지 못한다고 한다. 그마저도 다시 등교가 중단되었으니 언제 코로나의 공포에서 벗어날지 암담하기만 하다.

백신을 들여오는 것 또한 불확실한 현실이다. 게다가 바이러스는 인간의 능력을 비웃기라도 하듯 끊임없이 변종되어 가고, 봄바람에 날아다니는 들불처럼 여기저기서 확진자가 불쑥불쑥 튀어나온다.

광고는 '현대의 시' 같은 짧은 언어와 영상으로 시대를 증언한다. 코로나19가 창궐한 후, 재치 있는 패러디 광고가 자주 등장한다. 며칠 전, 모나리자가 마스크를 쓴 채 파마를 하는 미용실 광고판을 봤다. 우크라이나 정부의 사회적 거리 두기 공익광고에서는 레오나르도 다빈치의 〈최후의 만찬〉을 패러디했다. 열두 제자는 떠나고 홀로 남아 마스크를 착용한 예수님 앞에는 1인분 식사가 놓여있다.

바깥으로 나가 달리라고 광고하던 오프로드 자동차 브랜드 Jeep 역시 "지금은 위대한 실내를 탐험할 시간이다(It's time to explore the great indoor)"라며 집에 머무르라는 캠페인을 벌인다. 카카오 포털 'Daum'은 로고의 글자 간격을 'D A U M'으로 띄우고 "우리 다음에 보자!"라는 캠페인을 진행했다.

지난 8개월 동안 코로나19로 우리는 많은 걸 알게 되었다. 미국, 일본 같은 선진국이라고 자타가 인정하던 나라들도 코로나 앞에서는 허둥대고 갈피를 잡지 못해 휘청거렸다. 하지만 우리는 K방역체계를 가동하면서 확산을 줄일 수 있었다. 여기에는 축적된 의료체계의 신속한 대처가 주효했다. 게다가 높은 실력을 갖춘 의료진의 헌신적인 노력이 수반됐다. 의료 분야는 어느 나라보다 앞서 있는 게 확실하다. 그리고 성숙된 시민 의식도 한몫을 했다. 2미터 이상 사회적 거리 두기, 마스크 착용하기, 손 씻기 등을 잘 지킨 것이 원동력이 되었다.

이번 사태를 겪으면서 잊고 살았던 것을 너무 많이 깨닫게 되었다. 평범한 일상의 소중함이다. 아침 일찍 맑은 공기를 마시며 산책하는 것, 언제나 지하철 타고 친구들 만나서 이야기 나누는 것이 결코 하찮은 일이 아니었음을 통감한다.

코로나가 바꿔놓은 일상은 쉽게 바뀌지 않을 것 같다는 예감이 점점 사실이 되는 것 같다. 포스트 코로나 시대는 이렇게 오고 있다. 학교에서 온라인 수업하기, 사무실 근무 대신 재택 근무하기, 회의는 원격 화상회의로, 무관중 경기, 각종 행사나 운동 경기도 온라인 응원하기, 마스크만이 확실한 백신이라는 것까지. 어쩌면 코로나는 우리의 일상을 더 허락하지 않고 이 상태로 묶어두고 싶어 하는지도 모르겠다. 우리 인간들이 아직도 반성을 하지 않고 있다는 경고일까.

나 떠나는 날에는

에어컨 바람도 시원하지 않다. 창밖으로 보이는 인도에는 어쩌다 한 사람씩 지나간다. 차로도 한산하긴 마찬가지이다. 이렇게 무더운 날이 또 있었던가 싶다. 지난 시간 속에 박혀있던 날들이 주마간산처럼 지나가지만 이렇게 더웠던 날은 기억나지 않는다. 거의 3주 이상 최고기온이 35도를 넘나든다. 경북의 어떤 곳은 40도를 넘은 날이 속출하고 있다. 열사병으로 여러 명이 사망했다는 보도까지 들린다.

젊은 시절 열사熱沙의 벌판에서 생사고락을 함께한 친우들과 산행하기로 했다. 우리는 일단 모여서 산행 방향을 잡는다. 그날은 세 시간 거리의 뱀골코스를 걷자는 의견이 지배적이었다.

산행 전날 밤 나는 혈압이 갑자기 치솟고 머리와 뒷목이 터질

것같이 뻣뻣하고 아팠다. 그래서 아내는 산에 갈 것이 아니라 병원으로 가라고 했다. 나는 더 심해지면 응급실로 가야겠다고 혼자 생각하고 있었다. 그동안은 혈압이 오히려 낮아서 걱정이었는데, 좀 생뚱했다. 아내가 복용하는 혈압 약을 급한 대로 먹고 잠을 청해 봤지만 오히려 사념만 너풀거린다.

건강하게 살고 마무리를 잘해서 살아남을 가족들에게 짐을 지우지 말아야 하는데 아직 준비된 게 아무것도 없음을 깨달았다. 밤을 새우다시피하며 아내와 이런저런 얘기를 나누었다. 아내도 걱정스런 마음을 감추려 하지만 배어나는 염려의 표정은 감춰지지 않는다.

아침에 눈을 뜨자마자 혈압부터 체크하니 정상으로 돌아왔다. 만일 그렇지 않았다면 만남의 장소에 가서 친구들 얼굴만 보고 병원으로 가려고 했었다. 머리는 그때까지 띵한 느낌이었다. 협심증으로 수술을 받고 난 후부터 건강에 염려가 되는 처지였다.

약속 장소에 도착하니 벌써 세 명이 와서 기다리고 있었다. 어제 도봉산 산행을 하고 온 고 선생은 더위에 탈수 증상을 겪어 아직은 힘이 드니 적당히 하면 좋겠다는 의견이었다. 결국 관악산 둘레길을 걷기로 수정했다. 그런데도 이 선생은 컨디션이 안 좋은 상태라 우리를 호압사 입구까지 태워주고 잣나무 숲에서 쉬겠다고 했다.

호압사를 향해 걷기 시작했는데 출발하자 마자 숨이 차서 헉헉거리고 땀이 비 오듯 했다. 도저히 그런 상황으로는 기진맥진하여 탈수증세가 올 것만 같았다, 간신히 호압사를 돌아내려와 다시 이 선생과 합류하여 목을 축이고 대화를 나누었다. 조 목사의 설교도 들었다. 오랜만인지라 밀린 대화를 나누느라 시간이 많이 흘렀다. 건강과 치료 얘기, 가족들 얘기 등을 하게 되었다. 건강이 화두가 되고 죽음에 이르는 얘기도 나왔다.

우리는 서로를 보며 그동안 잘살아 왔다고 자위도 했다. '인생칠십고래희人生七十古來稀'라고 하지 않나. 요즘 나이로는 많은 건 아니지만 적은 나이도 아니다. 혼란의 소용돌이를 견디며 종심從心의 나이도 넘었으니 모두가 감사할 뿐이다. 조금 먼저냐 나중이냐일 뿐 모두 하나님 곁으로 가는 것은 정한 이치이다. 강 선생도 몇 년 전에 위암 수술을 받았다. 그러고 보니 모두가 환자 신세인 셈이다. 병의 경중은 다르지만 이젠 병과 친구하며 사이좋게 지내다 부르시면 하던 일 다 내려놓고 가야만 한다. 문정희 시인은 〈늙은 꽃〉에서 이렇게 노래했다.

어느 땅에 늙은 꽃이 있으랴
꽃의 생애는 순간이다

아름다움이 무엇인가를 아는 종족의 자존심으로
꽃은 어느 색으로 피든
필 때 다 써 버린다….

꽃이 찬란한 것은 늙지 않기 때문이다. 필 때 모든 걸 다 써버리기 때문이다. 꽃의 핏속에는 주름과 장수의 유전자가 없고 말과 분별이 없다. 눈부신 것들이 불러일으키는 찬란한 착란이다. 이렇게 우리의 생애에도 늙음이 애초에 없다면 얼마나 좋을까? "나의 노년은 피어나는 꽃입니다. 몸은 이지러지고 있지만, 마음은 차오르고 있습니다."라는 빅토르 위고의 문장을 상기하여 몸은 늙지 않는 꽃처럼 살고, 마음은 정열적으로 살아가면 좋겠다는 생각이다.

나 죽은 후의 세리머니를 이래라저래라 요구하는 것이 무슨 의미가 있을까마는 나 떠나는 날에는 화려하지 않으나 아주 기쁜 잔칫날이 되면 좋겠다. 나를 보내는 자리가 눈물로 얼룩지기보다는 조문객들이 맛있게 먹으며 삼삼오오 모여서 못다 한 이야기도 나누는 웃는 자리가 되었으면 좋겠다. 하늘길 나서는 내게 덕담이라도 조금 섞어준다면 더 바랄 것이 없겠다.

찾아온 손님에게 음식은 제대로 대접했으면 좋겠다. 육개장은 칼칼해야 좋고 안주로 내놓은 누른 고기는 딱딱하지 않았으면 한다. 후식은 싱싱한 제철 과일이나 채소를 냈으면 어떨지?

그 다음의 삶은 후대의 몫이다. 그들에게 즐거이 내 자리를 양보하고 싶다. 그들 또한 슬퍼하지 않고 요단강 건너서 먼저 가 기다리라고 찬송으로 환송도 해주면 좋겠다. 조상님들이 계신 곳으로 편히 가고 싶다. 그날이 언제일지는 모르지만 선조들이 그랬듯이 우리도 터전을 후손에게 내주고 가야만 한다. 산다는 것은 결국 세대를 이어가는 것이 아닌가. 우리가 부모님들의 뒤를 이어받고 후손들이 우리의 뒤를 이어서 살아갈 것이다.

죽음도 또한 삶과 이어져 있다. 독일의 시인 헤르만 헤세는 죽음과 삶에 이어지는 고통을 피할 수 없으면 즐기라고 했다. 지금까지 잘살아 왔음에 감사하며 엊그제의 고통도 즐거움으로 회상해 본다. 나 떠나는 날에는 모두가 웃는 날이었으면 좋겠다.

제3부 꽃비 내릴 때

홀딱벗고새
겨울 앞에서
6월 무더위
꽃 이름
꽃 향연1
꽃 향연2
들국화
김장 문화
얌전하다
눈으로 말하기

홀딱벗고새

뻐꾸기 울면 봄이 온 줄 알고, 하모니카 불거든 임 온 줄 알라 했다. 봄의 전령사인 뻐꾸기 노래가 이산 저산에서 들려온다.

오늘따라 "홀딱 벗고, 홀딱 벗고" 우리가 걷는 길을 따라오며 계속 말을 건다. "홀딱 벗고, 홀딱 벗고!"

서대문 안산 자락길을 친구들과 함께 걸었다. 걷는 중에 근래에 잘 보지 못한 새들을 보기도 하고 그들의 교향곡을 듣기도 했다. 예쁘게 화장하고 외모를 뽐내는 산까치 한 쌍의 속삭임, 잘생긴 귀조 장끼 울음소리, 드르르 톱질하듯 두드리는 딱다구리 소리, 귀한 손님 뻐꾸기 노래, 박새, 개똥지빠귀 그리고 이름 모를 새들까지도 우리를 반긴다.

그들 중에서 특히 홀딱벗고새가 오늘은 더 가까이 우리를 따라

오며 머리 위에서 울어댔다. 우는 소리일까? 우는 소리는 아닌 듯도 하다. 목소리가 너무 청량해서다. 웃는 소리일까? 글쎄 웃음소리이기에는 너무 음악적이다. 아마 노래 부르는 것이 틀림없는 것 같이 느껴본다. 보릿고개(麥嶺)를 겨우 넘겼다는 기쁨의 노래로 들려서 '보리새'라고 불렀다고도 하던데. 자기의 아름다운 목청을 들어 달라고 하는 것 같기도 했다.

"홀딱 벗고, 홀딱 벗고!"

"왜 그렇게 따라오느냐, 너는?"

아마 짝을 잃고 슬퍼하는 것은 아닐까? 이렇게 생각하니 그 소리는 처량하기까지 했다.

이 새의 소리가 슬픈 가락으로 들릴 때처럼, 우리의 삶도 겉으로는 즐거워 보여도 속을 들여다보면 즐거운 일보다는 그렇지 않은 일들이 더 많을지도 모른다는 생각이 들었다.

수많은 사연을 새는 '홀딱 벗고'로 말하는 듯했다. '어서 와서 나랑 놀아줘, 나랑 같이 살아 줘, 나 좀 도와줘, 나 정말 힘들어.'라고 말이다.

살면서 힘들었던 기억은 모든 사람이 그러하듯 나에게도 한두 번이 아니었다. 이제는 모두 추억이고 낭만적인 일로 남는다. 학창 시절 친구들은 모두 수학여행을 갈 때 나는 따라나서지 못했을 때, 등록금과 용돈을 벌기 위해 중·고등학생들을 가르치려고 나섰을 때도 그런 부분의 한 페이지였다. 그때 이 새의 소리를 들었다면 위로가 되었을까? 이 새의 존재를 알았더라도, 소리를 들었다 해도 아무 소리조차 들리지도 않았지 싶다. 새소리는커녕 절박함 속에서는 주위를 돌아볼 틈도 없었을 테니까.

홀딱벗고새의 소리는 듣는 이마다 자기 처지에 따라 다르게 들릴 뿐이라 생각되었다. 기차 소리도 우리는 '칙칙폭폭'하지만 서양에서는 '츄츄chew chew'라 하고, 고양이 소리도 우리는 '야옹'이라고 하지만 서양에서는 '미유mew'라고 하듯, 홀딱벗고새 소리는 짝을 찾는 젊은이에게는 '홀딱 벗고'로, 절간에 스님들은 '빡빡 깎고'로, 배고픈 사람은 '풀빵 사줘'로 들린다고 했다던가. 내도 오늘 듣기로는 처음에는 '홀딱 벗고'로 들렸다, 동행한 사람들도 이구동성으로 그렇다고 했다. 나는 무리들과 거리를 두고 혼자 뒤에서 자세히 들어 보니 '홀딱 뻐꾹'으로 들리는 듯도 했다.

이 새의 정체는 뻐꾸기의 일종으로 검은등뻐꾸기Indian Cuckoo였다. 숲에서 홀로 사는 수줍은 새로 생태계는 많이 알려지지 않고, 소리만 가까이 들을 수 있다고 한다. 모양이나 크기는 보통 뻐꾸기와 비슷하다. 머리와 멱은 잿빛이고, 위 가슴도 잿빛이고, 아래 가슴과 배는 황백색에 검은색의 가로 띠가 있고, 등은 검은색이다. 그래서 검은등뻐꾸기라고 부른다고 한다.

그 소리가 이제는 '홀딱 뻐꾹'으로 다가왔다. 사람마다 새소리를 다르게 듣듯, 자기의 처지를 중심으로 일과 사물을 보고 생각하고 합리화하는 습성을 가지고 살아간다. 사물이나 자연도 세상의 일과 이치도 보다 개관적이고 냉정한 관점에서 보아야 한다는 생각이 들었다. 그래야 본질을 바로 볼 수 있기 때문이다.

홍대용은 《의산문답》에서 '사람으로서 물物을 보면 사람이 귀하고 물이 천하지만 물로서 사람을 보면 물이 귀하고 사람이 천하다. 하늘이 보면 사람이나 물이 다 똑같다.'고 했다. 인성과 물성은 똑같다. 즉, 인물성동론人物性同論을 말한다. 보는 관점을 인간의 기준으로 보는 것이 아니라, 보다 큰 스펙트럼인 하늘의 기준으로 본 것이다. 우리도 하늘의 기준 즉, 넓은 관점에서 일과 사물을 보아야겠다. 공자도 나이 칠십에 철이 들었다고 했는데, 우리 같은 범인凡人이야 지금 철이 든다 한들 늦은 것도 아니라고 자위自慰해 본다. 모든 일과 사물조차 객관적으로 보고, 중용지덕의 마음으로 남은 삶을 살리라고 다짐하며 홀딱벗고새의 소리를 곰곰이 생각해 본다.

겨울 앞에서

싱싱하던 나뭇잎도 낙엽이 되어 떨어진다. 여름은 벌써 아득히 먼 느낌마저 든다. 찬바람이 옷깃을 파고든다. 풍경은 건조해지고 마음은 움츠러들게 마련이다. 어제는 첫눈이 강풍과 함께 밀려왔다. 겨울이 왔음을 노크하듯이 요란하게 왔다. 이런 때면 계절의 우울감이 엄습해 온다. 해가 바뀌고 아쉬움이 더 크게 부상되는 때인 탓도 있으리라. 나이가 더해간다는 생각이 지워지지 않는 때이기도 하다.

추운 날씨와 악연의 끈을 끊을 수가 없다는 생각을 해 본다. 요즘 들어 부쩍 추운 날씨가 싫어지고 두렵기까지 하다. 대부분의 노인들에게도 달갑지 않은 계절이 겨울이겠지만 나로서는 정말 달갑지 않다.

나는 아주 허약한 체질로 태어나고 자랐다. 어린 시절 병치레를 유난히 많이 하며 자랐다고 한다. 그런 나에게 겨울의 추위는 또 다른 고통이었다. 그 시절은 먹을 것, 입을 것조차 변변찮아서인지 겨울이 왜 그렇게도 추웠던지. 세찬 바람과 맞서서 걸어 다니던 학창시절의 추위는 훨씬 더 살을 에는 것 같았었다.

어제, 중국 지린성 옌볜에서 호랑이가 마을 인근에서 포착되었다는 방송을 보게 되었다. 개를 물고 가는 영상도 화면에 잡혔다. 백두산 호랑이라고 했다. 개체수가 늘어 눈에 띄게 된 것이라고 한다. 야생 호랑이가 우리나라에선 이미 멸종된 듯하다.

호랑이는 추운 겨울과 시베리아를 연상케 한다. 블라디보스토크에서 바이칼 호수로 트래킹여행하며 만난 자작나무 숲, 그곳에 호랑이가 서식하기 좋다고 했다. 호랑이는 보지 못했지만 자작나무의 무늬가 호랑이의 눈을 닮았고, 얼룩무늬 또한 호피를 닮았다는 생각이 들었다. 자작 숲에서 사냥감을 추격하는 백두산호랑이의 모습이 바로 눈앞에 펼쳐지는 상상을 해봤다.

어린 시절을 회상할 때 호랑이 담배 피던 시절이라고 하며 옛날 얘기를 자주 들었다. 그런데 내가 어렸을 때 호랑이가 실제로 출현하였다. 아랫마을에 체구가 건장한 천하장사 씨름꾼 청년이 있었다. 사람들은 호랑이도 때려잡을 기세라고 했다. 그런 그가 밤길에 고개를 넘게 되었는데, 고갯마루에 오르자 길 한가운데에 커다란 불덩이가 막고 있는 게 아닌가. 순간 그는 혼미해지며 엄동설한임에도 불구하고 땀이 온몸에 비 오듯 했고, 오줌을 질질 쌌다고 했다. 그 일을 겪고 난 그는 몸져누워 끝내는 일어나지 못하고 말았다. 혹한에 건장한 청년 하나를 잃은 에피소드다. 그 마을에서의 일은 아주 잔인한 겨울로 기억되었으리라.

가뜩이나 겨울 추위에 겁을 먹고 운신하기 힘들던 나에게, 호랑이의 겨울은 더욱 얼어붙게 했다. 그 겨울 동안 나를 비롯한 마을 사람들은 혼자서는 밤길을 나다니지 못한 것은 당연지사였다.

추위가 다시 찾아오고 있다. 젊은 시절에는 그렇게 춥다고 느끼지 못했던 현상이 나타나고 있는 것이다. 세월의 탓일까 아니면, 환경의 탓일까? 면역력 문제도 수반되는 것은 아닌지.

가장 민감한 시기가 여름에서 가을로 접어들어 갑자기 기온이 뚝 떨어지면 나의 몸에는 지체 없이 신호가 온다. 콧물이 흐르고 재채기를 동반한다. 어떤 때는 식은땀이 줄줄 흐른다. 전에 다니던 교회의 목사님도 눈치를 채고 자기도 똑같은 증상이라고 하며 동감해 주었던 기억도 있다. 무릎에 금방 찬바람이 들고 온몸에 냉기가 휘감기기 일쑤다. 몸에 소름까지 끼친다. 옷을 겹겹이 껴입고 둘둘 감아도 조금의 틈만 있으면 찬바람이 여지없이 파고들어 체온을 앗아간다. 그러면 다시 콧물과 재치기에 기침까지 연신 품어댄다. 이럴 때는 할 수 없이 이불 속에 들어가 체온을 올려야 한다. 그러면 언제 그랬냐는 듯이 몸은 멀쩡해진다. 이런 연례행사를 지금까지도 매년 치르고 있다.

이런 날씨는 나의 자존감을 떨어뜨리기도 한다. 아침에 조금만 기온이 떨어지면 외출 시 옷을 더 두껍게 입어야 한다. 그런데 낮에 기온이 오르면 더위에 땀을 줄줄 흘리며 힘들어 한다. 땀이 잘 나는 체질이니 금방 온몸은 비를 맞은 듯 젖곤 한다. 이럴 땐 외부 시선을 의식해 남들 앞에선 전전긍긍하기 일쑤였던 때가 어디 한두 번이었던가. 이런 나 자신이 정말 맘에 안 들었다. 외부 시선을 의식해 '나'는 없고 '타인'만이 내 안에 있는 것만 같았다.

이제는 남이 아닌 나로 살기로 마음먹고 외부 시선을 의식하지 않고 나 자신을 맹목적으로 살아 보련다. 공자의 말씀을 빌리면 종심從心의 나이는 마음 가는 대로 해도 좋다고 했듯이 온전한 나로 살아 보자. 눈이 허락할 때까지 책과도 벗하며….

개봉 40주년을 맞는 영화 〈록키〉에 명대사가 나온다. "인생은 얼마나 센 펀치를 날릴 수 있느냐가 아니다. 얻어맞고도 계속 움직이며 나아갈 수 있느냐."이다. 이제는 자신의 마음을 믿고 나 자신대로 가 보련다. 날씨만 탓할 수는 없는 노릇이 아닌가.

6월 무더위

한여름은 아직 먼데 벌써 푹푹 찐다. 6월 초입에서부터 폭염주의보와 폭염특보가 빈번하게 발령된다. 심지어 열대야까지 나타난다. 이런 추세라면 장마가 일찍 오지 않는 한 올 6월은 작년보다 훨씬 더운 한 달이 될 듯하다.

우리나라 여름의 폭염은 한반도 상공에 고기압이 정체하여 빠져나가지 못하고 뜨거운 공기를 가두고 있기 때문에 발생다고 한다. 특히 고기압이 한반도 동쪽에 자리 잡고 있을 때, 바람이 태백산맥을 타고 내려오면서 영서지방이나 수도권에 폭염을 가져온다. 원인은 다양하다고 한다. 2018년 기록적인 폭염은 티베트 고원 상공에 고기압의 발달이 주요 원인이라고 했다. 1994년의 폭염은 북태평양 고기압이 원인이었다는 것이다.

2018년의 무더위는 폭염을 넘어 달구어진 불판 위 같았다. 아스팔트는 녹아내리고 차량들의 화재도 잇달았다.

8월 어느 날 중앙박물관에서 나오는 길이었다. 한낮 시간인데도 거리에는 행인마저도 뜸했다. 잠깐 걷는 데도 불바다에 들어가는 기분이었다. 그때의 서울 낮 기온이 39.6도라고 그날의 수첩에 적혀 있었다. 여러 지역에서 최고기온이 40도를 넘는 날도 자주 등장했다. 노약자들의 열사병 사고도 속출했다.

중동 열사의 나라에서 근무할 때보다 훨씬 더 더운 느낌이 들었다. 그곳의 날씨와 비교하면 온도는 훨씬 낮지만 그날의 체감 온도는 아열대지방을 방불케 했다.

대구지방에서 일하던 때가 생각났다. 참 지난했던 때였다. 그쪽 지역은 분지 지형으로 여름은 아주 덥고 겨울은 더 추웠다. 무더운 날씨에 지하 20미터 아래 공사현장은 흔한 말로 찜통이었다. 바닥의 흥건한 물에서 피어오르는 수증기는 불쾌지수를 한없이 끌어올렸다. 습도 높은 거대한 통 속에서 허우적거리며 일해야 했던 열악한 환경이었다. 매일 아침과 오후, 그리고 퇴근 직전에 현장 점검을 돌았다. 그 시간이 길게 느껴졌고 빨리 지하층 공사를 마무리하고 싶은 심정이었지만 생각만큼 공사는 진척되지 못했다. 계속되는 장마는 엎친 데 덮쳐 습도를 높여 더위는 최고조에

달했다. 공사를 더욱 지연시키고 말았다. 폭우로 인해 지반이 약해진 데다 더위와 겹치면서 공사는 더욱 더디게 진행될 수밖에 없었다.

지하 현장에서는 한두 발짝만 옮겨도 땀이 비 오듯 흘러내렸다. 거의 현장에 붙어 사는 직원들이나 망치 들고 무거운 거푸집을 설치하는 목공이나 무겁고 열에 단 철근을 배근하는 철근공 등의 심정을 헤아릴 틈도 없었다. 더위는 이렇게 생존의 현장을 덮쳐 떠날 줄을 모르고 있었다. 실신하는 일꾼들이 자주 발생하기도 했었다.

폭염은 지구 온난화에 주원인이 있다고 한다. 지속적으로 상승한 기온에 고기압을 만나면 폭염은 언제든 발생할 수 있다고 한다. 지구온난화는 전 지구적 현상이지만, 지역적으로 큰 편차가 있다고 한다. 한반도의 평균 기온은 지난 50년간 약 1.1도 상승했다. 지구 평균치보다 훨씬 빠르다. 세계기상기구WMO에 따르면 최근 5년 간 지구의 평균 기온은 산업화 이전에 비해 약 1.1도 높아졌다고 했다. 기온이 1.1도 오르는 데 지구는 100년이 훨씬 넘게 걸렸지만 한반도에선 반밖에 걸리지 않은 셈이다. 확실한 원인은 잘 모르지만 급격한 도시화가 아닐까 생각해 본다. 이러한 한반도의 기온 상승은 더욱 심각하게 고려해야 할 일이다.

지구온난화, 그리고 점점 빈번해지는 폭염을 줄일 수 있는 방법은 뭘까 생각하다가 도시화를 줄이고 나무 심기를 생각했다. 온실기체 배출량을 줄여야 한다. 그러기 위해서는 현실적인 대안으로 나무를 많이 심어 숲이 많아져야 한다. 도심 폭염은 도시 열섬 효과로 나무들이 많은 변두리보다 훨씬 강하다. 숲은 작은 규모로도 열섬 효과를 줄여 폭염을 완화시켜 주는 역할을 한다고 한다. 특히 활엽수가 이산화탄소를 잘 흡수한다.

중국의 남성 차오자와(78세) 씨의 이야기가 생각났다. 그는 16세부터 지금까지 60년 넘게 황무지에 매일 나무를 심었다고 한다. 장기적인 계획을 세워 나무를 심은 현대판 우공愚公으로 불린다. 모래바람이 날리던 황무지 2,000묘의 땅에 60년 동안 나무를 심어 숲으로 바꾸었다고 한다. 황무지 사막을 푸른 숲으로 변화시켰다. 세계가 기후 변화의 주범인 온실가스를 줄이려고 탄소 배출량 규제를 협정했다. 여기에 나무심기도 협약했으면 좋겠다는 생각이 들었다

벌써부터 이렇게 무더위가 엄습하니 올여름 폭염으로 인한 피해가 얼마나 될지 걱정이 앞선다. 나이가 들어가며 취약계층이나 노인들을 우선 걱정하게 된다. 코로나 팬데믹이 그랬던 것처럼 폭염으로 인한 피해도 이들에게 집중될 수밖에 없기 때문이다. 인

간이 자연의 주인이 되지 말고 자연을 자연에 돌려주는 일이 가장 중요한 일이 아닐까 한다.

*1묘=166.67㎡

꽃 이름

가을이 이울고 있다. 11월이 기우뚱하는 날 친구들과 어울려 교외의 한 식물원을 찾아갔다. 가벼운 마음으로 일찍 출발하여 현장에 도착하고 보니 한적했다. 그곳은 세종시 전동면 송성리에 있는 소규모 동물원을 품은 희귀식물들의 보고다.

우리는 규모나 관광 내용이 무엇인지, 어린이 놀이 공원인지, 휴양림인지, 등산하는 코스인지, 요금이 있는지조차도 모르고 갔다. 입장료가 센 걸로 봐서 볼거리는 좀 있을 듯했다. 처음에는 어린이 유원지 정도로 짐작을 해보기도 했다. 막상 입장을 하고 보니 아기자기하게 자라고 있는 나무들에 호감이 갔다. 나는 높은 요금을 보상이라도 받으려는 듯이 불편하고 부정적인 면을 찾아내서 합리화 해보려고 애를 쓰는 중이었다.

그런데 그런 마음은 서서히 사라지고 찬사와 환호로 일관했다. 수령이 꽤 됨직한 나무들이나 잘 손질된 조경이 점점 아름답게 내 눈을 점령해 갔던 것이다. 조금 더 걸어가니 감탄사까지 절로 나왔다. 수백 년 수령의 나무며 분재들이 즐비해서였다.

조금 올라가니 곰들의 사육장인지, 관람 유원지인지 궁금했다. 적게는 10여 마리에서 많게는 몇십 마리씩 우리마다 곰들이 콘크리트 바닥에 앉아 있거나 서서 멀뚱멀뚱 눈을 뜨고 사람들을 바라보며 애원이라도 하는 듯했다. 나 좀 여기에서 구해달라고. 그런데 사람들은 아랑곳하지 않고 희희낙락하며 들은 척도 하지 않는다. 가엾었다. 인간의 손아귀에서 벗어날 방도는 보이질 않을 것 같아 더 애잔했다.

옆 블록으로 발길을 옮겼다. 곰의 무리들이 철제 나무 위에 올라가 있었다. 이 또한 애잔했다. 철제 계단이나 가지를 잘도 오르내렸다. 강자인 듯하나 인간의 손아귀에서 사회적 약자일 수밖에 없는 곰들이 한없이 불쌍하기만 했다.

한 시간 정도 걷고 전망대에서 휴식을 취하며 파크를 조망했다. 가슴이 탁 트이고 후련했다. 그러나 내 가슴의 한쪽은 왠지 아쉬운 마음이 응어리로 매달려 있는 듯했다. 자유롭게 나뒹굴며 살아가야 할 짐승들이 자꾸만 눈에 밟히기 때문이었다.

식물원의 크기도 제법 넓은 편이었다. 수간 사이를 걷는데 일행이 꽃을 보며 말을 걸어왔다. "선생님은 꽃에 대해서 조예가 깊고 많이 알지요?"라고 말을 걸기에 태연한 척하며 대답을 했다. "그렇지 못해요. 아는 거라고는 몇 안 됩니다. 모르는 게 대부분입니다." 이렇게 대답해도 그는 내 말을 믿지 않는 눈치였다. 알 거라는 의심의 눈초리 같은 거였다. 더 생각해 보니 사람은 자기가 지나온 흔적에 어떤 발자국을 어떻게 남겼는지 그에 대한 대가를 받는다는 생각이 들었다. 나는 어느 글에서 꽃 이름을 좀 안다고 했던 기억이 났다. 이게 화근이었다. 꽃에 대해 배운 적도 없고 전문서적을 탐독한 것도 많지 않았다. 단지 위안을 삼아본다면 꽃에 관심을 갖고 있는 것뿐이다. 그래서 꽃 이름을 일반 사람들보다 조금 알고 있는 것뿐이다.

생각이 여기에 미치자 나는 무엇을 알고 있나? 얼마나 알고 있나? 하는 의심을 가져보았다. 내가 아는 꽃은 몇 가지라면 존재하는 것은 수만 가지일 텐데, 어쩌자고 내가 경거망동한 것인가. 한편으로는 위안을 삼기도 한다. 전문가가 아닌 바에야 이 정도만 알아도 꽃에 대한 갈증을 풀어갈 단초는 되었다고. 그리고 인터넷이 나를 도와주지 않는가. 그런데 이왕이면 좀더 알아 어느 단계에 오르면 좋으련만 그러지를 못하고 있는 게 내 성격인가 보다.

더 파고들지 못하는 성격. 못한다는 것이라기보다는 안 하는 것에 가깝다.

영어공부가 그렇고, 책 읽기가 그렇고, 수필 쓰기가 그렇다. 지금은 손을 놓았지만 골프 또한 그랬었다. 물론 만족할 단계는 아무도 모르지만 내가 조금 눈을 뜨고 보니 부족한 게 너무 많았다.

영어는 한창 피치를 올리다, 괜히 중국어에 손을 대고 보니 시간이 부족하게 되었다는 핑계를 대며 게을리하고 말았다. 그러니 아는 것도 슬슬 빠져나간다. 길에서 외국인을 만나 대화를 할라치면 발음이 순조롭게 굴러 나오지 못하고 벅벅거리며 더듬어대기가 다반사다.

독서도 마찬가지다. 긴 시간을 책과 씨름도 하고 독서 모임이나 인문학 강의도 발이 닳도록 쫓아다녔는데 이곳으로 이사 오고 나서부터 열기가 식어갔다. 가장 비중 있게 듣던 인문학 강의가 교수의 미투 사건으로 강사가 바뀌고 인기가 떨어지면서 책 읽는 볼륨도 줄더니 아들 집에서 손자들을 돌보며 책과 마주하는 시간은 현격하게 줄고 말았다. 설상가상으로 코로나19가 덮치면서 많을 것 같던 시간은 다 어디로 숨어버렸는지 시간 핑계만 대고 있다. 몸은 게을러지고 유행하는 말로 '확찐자'가 되어버렸다. 책상 앞에 앉기만 하면 졸음부터 밀려왔다.

수필을 처음 대했을 때도 수필문학이 뭔지도 모르고 발을 들여놓았다. 처음에는 의욕을 갖고 시작을 했었다. 아니 의욕이라기보다는 남들에게 글을 내놓고 창피는 모면해야겠다는 생각이 더 컸었다. 그러나 시간이 흐르고 한 게 없이 손자들을 돌보아야 하는 상황이 되고 보니 몸도 맘도 수필에서 멀어졌다. 작년 신안수필 회원 한 분이 《수필과비평》을 통해 등단했을 때 자극을 받았다. 올봄 용기를 내어 응모를 했다. 요행히 등단의 행운을 얻었을 땐 중압감이 압도를 하는 듯 부담감 같은 두려움이 기쁨조차도 삼켜버려야만 했다. K 선생님, S 선생님 같은 고수에게 나의 심경을 토로했더니 그들도 아직 수필을 잘 모르겠다고 한다. 내 생각으로는 나에게 위안을 주는 말로 들렸다. 어쨌든 수필 읽기에 정진해야만 되겠다.

골프 역시 만만찮은 상대가 아니었다. 많은 시간과 돈을 투자한 건 사실이었다. 한때는 골프공이 천장에서 굴러 홀인되는 환상이 떠다닐 때도 있었는데, 지금은 추억의 한 페이지인 듯 아련하기만 하다. 그때는 내비게이션도 없던 시절이라 새벽안개 가르며 골프장을 찾아가는 길은 힘들고 멀기도 했었다.

그러고 보면 어느 것 하나 인정받을 만한 경지에 오른 것은 없다. 그저 조금씩 했던 것이 나에게는 늘 갈증의 대상들이었는데,

남들이 보기엔 상당한 수준에 오른 것으로 부러워하는 경우가 발생하고 말았다.

여기에는 자의반 타의반의 책임이 있다고 생각한다. 자의로는 나의 부족함을 과장하여 포장한 면이 있었음을 고백한다. 타의로는 나보다 좀 늦게 시작한 사람이나 덜 적극적인 사람의 기량이 조금 뒤진다고 생각하니 내가 고수인 줄로 착각한 때문이기에 그들은 신기루를 보는 듯했으리라. 실은 속 빈 강정이나 진배없는 처지인데도 말이다.

꽃 향연 1

봄이 활짝 피었다. 그렇게도 추웠던 겨울이 엊그제 같은데 벌써 온 세상이 꽃밭이다. 들에도, 산에도, 공원에도, 집 베란다에도 온통 꽃 천지다.

토요일 산행에서 본 샛노란 생강나무 꽃이 참 인상적이었다. 지난 금요일 송도공원을 걷다 보니 산수유, 개나리, 진달래, 매화, 민들레, 냉이, 꽃다지, 제비꽃들이 지나가는 발길을 붙잡았다, 피보다 더 진한 붉은 동백꽃이 발 앞에서 툭 떨어질 땐 내 가슴도 덜커덩 내려앉는 것만 같았다.

어제는 만우절이었는데, 안 올 것 같던 봄이 거짓말처럼 어느새 꽃향기로 우리 곁에 와 있었다. 꽃바람 속에 걷기를 목적으로 따스한 오후 집을 나섰다. 날씨는 잔뜩 찌푸리고 어둑어둑해지기까지 했다. 지난 한 주 동안 미세먼지 농도는 '나쁨' 단계였었다. 방진마스크로 무장을 했다. 비까지 간간이 뿌리기도 했다.

그런데 걷다 보니 땀이 흐르고 열까지 오르고 심장 박동은 더욱 요동쳤다. 속도를 줄이며 주위를 두리번거리며 걷다 보니 꽃들이 눈 속으로 하나 둘 들어온다. 올 들어 처음 보는 꽃님들이었다. 이들은 잎보다 꽃이 먼저 폈다. 벌·나비들이 잘 보고 오도록 배려함이란다.

개나리, 백목련, 산수유, 진달래는 이미 자리에 좌정을 했고 친구들을 영접이라도 하려는 듯이 차분하다. 벚꽃, 라일락, 매화, 살구꽃, 앵두꽃, 조팝나무, 모과, 산당화, 수선화, 튤립, 꽃잔디, 꼬부라진 할미꽃, 영산홍도 덩달아 합세했다. 거기에 가세하고 싶어 회양목도 아우성이다. 광대나물도 나는 기린이라고 목을 길게 빼고 눈은 멀뚱멀뚱하다. 라일락도 향기를 피우며 합세한다. 차례로 피던 꽃들이 이제는 순서도 무시하고 동시에 함께 피어버린다. 서열을 무시한 것이 못내 아쉽다. 요즘은 인사 기준도 없이 서열 파괴가 자행되는 세태 같다. 인구 증가에 따른 무분별한 자연 훼손이 지구 온난화를 자초했기 때문이 아닐까.

집 베란다 꽃밭에도 꽃들이 난리법석이다. 목을 길게 뺀 붉은 꽃

기린, 흰 꽃기린, 아름답기로는 제일이라고 뽐내는 랜디가 꽃망울을 터뜨리기 시작했다. 노란색, 핑크빛, 백색의 카렌코에, 핏빛의 제라늄, 핑크빛 뭉게 뭉게 피어나는 제라늄, 사랑초, 손녀가 가져온 바이올렛, 오래전 내가 사온 게발선인장도 빨간 봉오리를 발끝마다 밀어 올린다. 호야는 언제 물뿌리개를 내리고 물을 쏟을까? 과천에서 가져온 선인장도 조금 있으면 핑크빛 월계관을 쓰고 피겠지. 곧 아마릴리스도 붉은 피를 토하며 나팔을 불 것이다. 목베고니아도 붉게 터지겠지, 그리고 천냥금도 곧 웃음보따리를 펼칠 것이다. 벌레잡이 또한 긴 목을 빼고 어서 오라고 애교를 떤다. 꽃 중에 꽃이라며 난향이 그윽이 피어오르는 꽃 잔치가 절정을 이룬다.

지금도 전철에 스쳐지나가는 중에도 오만 가지 꽃들이 춤을 추며 노래한다. 굳이 매화축제나 벚꽃축제에 가지 않아도 눈만 뜨면 꽃들이 벌이는 향연饗宴에 흠뻑 취한다. 우리는 이런 꽃 잔치를 몇 번이나 더 맛볼 수 있을까? 아, 아름다운 꽃들이여!

자세히 보아야 예쁘다
오래 보아야 사랑스럽다
너도 그렇다 (나태주)

꽃에 취해 걷다가 툭 떨어진 핏빛 동백꽃 앞에서 한참을 서서 바라보았다. 이 아름다운 꽃 향연의 날에 하필 석류 속 같은 붉은 피를 토하고 있을까.

논개의 심정이 이렇게 떨어진 꽃잎 같지 않았을까. 임진왜란으로 진주성이 함락되었을 때다. 대항하던 진주목사 서예원 장군을 비롯한 명장들이 전사하고 많은 아녀자들은 왜군들에 욕을 당하지 않으려고 강물에 뛰어들어 자결했다. 논개는 생각이 달랐다. 이왕이면 나라 위해 몸 바쳐 죽음을 감당하리라. 기생으로 분장하고 나섰다. 일본군이 승전 축하연을 준비하고 있었다. 이들은 꽃 향연이 아닌 주색 향연을 벌인 것이었다.

곱게 단장한 논개는 바위에 서서 다가오는 왜장 게야무라 로쿠스케(毛谷村 六助)를 가슴으로 힘껏 끌어안았다. 욕망으로 가득 찬 왜장의 가슴은 얼마나 뛰었을까. 논개의 아픈 가슴은 또 얼마나 저렸을까. 뛰는 가슴은 잠시, 강물 속으로 곤두박질치고 로쿠스케는 비명횡사하고 말았다.

자신의 생명을 던져 나라를 구하고자 했던 그녀는 기녀가 아닌 의인이요 살신성인의 애국지사다. 나는 그녀를 높이 추앙한다.

거룩한 분노는/ 석류 속 같은 입술/ 죽음을 입 맞추었네.

꽃 향연 2

송도 미추홀공원으로 나섰다. 아침마다 손녀가 학교에 가면 나는 공원 산책길로 향한다. 날씨는 비를 흩뿌리고 있었다. 걷다 보니 비는 내리다 그치기를 반복한다. 나도 덩달아 춤을 추듯 우산을 폈다 접었다 하며 걸었다. 매월당 김시습은 잠깐 갰다 비 오고 비가 오다 다시 개는 사청사우乍晴乍雨라 했던가. 지난번 4월 1일에 나섰던 때가 오래전 일같이 회상된다. 그때의 설렘은 차분히 가라앉았다. 벌써 나무들은 초록으로 옷을 갈아입는 중이었다.

바닥에는 아직도 냉이와 꽃다지가 노란색 흰색으로 구석구석을 수繡놓았다. 그들은 난쟁이 그룹에 속하지만 당당히 자리를 지키고 있었다. 민들레가 씀바귀 친구들을 초청했나 보다. 그들은 6촌쯤 되는지 색도 노랗고 모양도 비슷하다. 노란색은 원래 외래종

外來種이라고 한다. 둘 다 토종土種은 흰색이다. 우리가 자랄 때는 토종이 주인이었는데, 요새는 아주 가끔씩 보이니 안타깝다. 클로버도 자랑스러운 듯 고개를 쭉 빼고 서있다. 며칠 더 지나면 중국이나 인도의 인구를 압도할 것만 같다.

비는 멈추고 천천히 걸으니, 환한 꽃잔디가 반긴다. 연분홍과 진분홍을 잘 조합해 놓았다. 어느 아가씨가 밤을 지새우며 섬섬옥수로 한 땀 한 땀 수놓았을까? 제비꽃들도 절정을 맞이하여 자색紫色의 도도함을 뽐낸다. 나는 순백이야, 백의민족의 상징이야. 끈질기게 담장 밑에 꿋꿋하게 서있는 흰제비꽃이 그렇게 옹알거린다.

공원에 가지런히 심어 놓은 삼색제비꽃은 화려하다. 은방울꽃의 앙증맞음은 단연 으뜸이다. 내가 이름을 모르는 꽃들도 정말 예쁘고 사랑스럽게 피어 있었다.

"미만하다, 이름을 불러주지 못 해서. 꼭 알아서 너의 이름을 불러 주겠다. 오늘은 그냥 예쁜 꽃이라 불러줄게."

굳이 일산이나 태안의 꽃 축제에 가지 않아도 들꽃들을 마냥 감상할 수 있어서 좋았다. 우리 민족이 아프게 살아온 과거를 보는 듯 울 밑에 선 봉선화처럼 잡초 같은 들꽃이 나는 더 좋다. 더 사랑스럽다. 이곳 공원에 핀 튤립이나 수선화를 언급하지 않은 까

닮이기도 하다.

나무에 돋은 잎들은 완전히 그늘을 드리우고 여름을 기대하는데, 2부의 꽃 향연이 펼쳐졌다. 해돋이공원(日陽公園)에 영산홍 동산이 제일 흥을 돋운다. 진홍과 분홍으로 꽃 잔치를 펼쳤다. 그리고 순백색으로 줄지어 서있는 팥배나무 꽃도 백의민족임을 자랑한다. 가을이 되면 새빨간 팥들이 앙상한 산에 불을 켤 것이다.

천안에는 지난주에 만개한 이팝나무가 여기선 아직 필 생각이 없나 보다. 송도의 기후가 북쪽이라 추운 모양이다. 화살나무 정방형의 초록 꽃은 자세히 보아야 보인다. 때 이른 수국이 연초록의 자태를 드러냈다. 토양의 지질에 따라 파란색으로 또는 갈색으로 변할 것이다. 수수꽃다리는 고운 향기를 여전히 흩날리며 발길을 유혹한다. 우정이라는 꽃말을 간직한 박태기나무는 잎이 하트 모양이라 금낭화(Heart bleeding) 이름을 닮았나 보다.

마가목도 붉은 열매를 미리 알고 새하얀 꽃을 함초롬히 머금고 서있다. 참나무과의 상수리나무도 꽃술이 흔들흔들 계절을 즐긴다. 자세히 보지 않으면 보기 힘든 꽃이다.

해송초등학교 교정 앞을 지나다가 산딸나무 꽃을 보았다. 처녀의 입술인 양 모과 꽃이 수줍게 벙싯댄다. 송도 해송로에 인접한 미추홀공원의 해돋이 명소의 소나무는 모두 해송海松이다. 그들도 길쭉한 꽃대를 쭉 뻗어 봉올봉올 피어오른다.

1군에 속한 벚, 앵두, 복숭아, 산수유, 때죽나무 등은 재단사들을 위해 핀을 매달았다. 곧 검게 또는 핑크빛으로 붉게 익어갈 것이다. 우리의 삶도 이들같이 알알이 익어갈 것이다. 꽃들이 맺어준 열매처럼 곱게곱게 익어갈 것이다. 김춘수의 〈꽃〉이 생각나 외워본다.

> 내가 그의 이름을 불러 주기 전에는
> 그는 다만
> 하나의 몸짓에 지나지 않았다.
>
> 내가 그의 이름을 불러 주었을 때
> 그는 나에게로 와서
> 꽃이 되었다.
>
> 내가 그의 이름을 불러 준 것처럼
> 나의 이 빛깔과 향기에 알맞은
> 누가 나의 이름을 불러다오.
> 그에게로 가서 나도
> 그의 꽃이 되고 싶다.

들국화

긴 장마와 폭염이 물러가고 9월이 왔다. 이제 매미 소리는 멀어져갔다. 담장 옆을 지나노라면 귀뚜라미 울음소리가 한결 가깝다. 스르륵 스르륵 창가에서도 현악기를 연주한다.

길을 걸으며 무심코 고개를 들어 하늘을 우러러본다. 어린아이의 눈빛 같은 청아한 하늘이다. 벤치에 앉아서 한참을 바라보니 서글픈 감정이 스멀스멀 피어오른다. 이런 감정은 가을 하늘을 바라보면서만 느낄 수 있는 순수한 감정이다.

새벽에 잠에서 깨어나 가만히 누워 있노라면 창문을 통해 보드라운 달빛과 귀뚜라미 울음소리가 다정한 친구인 양 다가선다. 가을을 알리는 전령사다. 귀뚜라미 울음소리는 왠지 모르게 처량하게 들린다. 가을을 알리는 신호는 겨울로 가는 길목이기에 더욱 그런가 싶다.

상념의 나래는 달빛을 따라 창밖을 난다. 바람에 흔들려 우수수 떨어지는 낙엽을 타고 굴러다닌다. 고향의 길을 따라 걸어도 본다. 멀리 들판에는 누렇게 익어가는 곡식이며, 빨갛게 익어가는 과일들이 토실하다.

가을 산행을 하며 오솔길을 걷다 보면 발끝에 밟히는 낙엽이 부스럭거리며 동행한다. 계곡을 흐르는 물소리도 들린다. 살랑살랑 미풍은 얼굴을 간질인다. 생각 없이 자연에 스며들어 걷노라면 마음은 졸졸 흐르는 가을 물같이 맑아지고 생각은 가을 하늘같이 청아해진다.

가을은 결실의 계절이다. 천고마비의 시절인지라 풍성함을 수반한다. 그러나 왠지 서글픔을 떨쳐버릴 수 없는 계절이다. 어떤 나무들은 싱싱함을 자랑하기라도 하듯 푸르고 활달해 보이기도 하지만, 하나 겨울을 의식한 애잔함이 깔려있다.

겨울, 봄, 여름, 다 특색을 지니고 있어 좋지만. 나는 가을을 제일 좋아한다. 우리의 마음을 가장 아름답게 해주는 계절이기 때문이다. 봄은 사람들의 마음을 설레게 하지만 방황하게 하고, 여름은 생명력은 있지만 삶을 게으르게 만든다. 겨울은 순백純白 같은 회색이지만 사람의 마음을 움츠러들게 한다. 하지만 가을은 파란 하늘같이 마음을 깨끗하게 정화하여 준다.

가을은 서글픈 계절이라고 흔히들 말한다. 서글프게 된다는 것은 마음이 천진하게 본심으로 돌아간다는 의미이다. 어린아이처럼 천진해진다는 것은 순수한 감정이 가슴 깊은 곳에서 정화되기 때문이다.

나는 계절 중에서 가을을 제일 좋아하기에, 꽃도 가을꽃을 좋아한다. 어느 꽃치고 아름답지 않은 꽃이 있으랴마는 가을꽃은 호들갑스럽지 않아서 좋다. 가을꽃에는 과꽃도 있고 코스모스도 있고 들국화도 있다. 과꽃은 가을의 시작을 알리는 꽃이고, 코스모스는 가을의 정점에 피는 꽃이라면 들국화는 찬 서리 칠 때 이우는 꽃이다. 봄, 여름에 피고 지는 백화百花가 스러지고 나서 찬 이슬이 내릴 때에 기지개를 펴고 피어나는 꽃이기에 그렇다.

가을에 피는 꽃은 어딘지 모르게 처량한 아름다움이 있다. 코스모스가 그렇고 들에 핀 들국화가 그렇다. 코스모스는 화단이나 길가에 사람이 가꾸어야 볼 수 있는 꽃이지만 들국화는 들판이나 산속에서 돌보는 이 없이 혼자서 저절로 피는 꽃이다. 고향 곳곳에서도 많이도 피던 꽃이라서 더더욱 좋아한다.

가을 산을 오르는 아침에 찬 이슬을 머금은 들국화를 만나면 화려하지는 않지만 노란색으로 고고하게 서서 우리를 반긴다. 동행하는 친구도 가을꽃을 사랑한다. 그중에서도 들국화를 사랑하는 것이 나와 닮았다. 언젠가 우리는 들국화를 한 아름 꺾어들고 단골 식당에 간 일이 있었다. 식당 주인도 가을꽃을 좋아한다기에 손에 쥐여 주었더니 자기가 좋아하는 꽃이라며 춤을 췄다. 그 모습은 마치 들국화가 바람에 흔들리는 것 같아 더욱 인상적이었다.

들국화는 유별난 꽃이 아니다. 맨드라미나 달리아처럼 빛깔이 화려하지도 않고 꽃이 복잡하지도 않다. 노란색의 부드러움과 순결함은 볼수록 마음을 끌리게 한다. 말없이 자신의 순수함을 보여주는 그 겸양이 더욱 고결하다. 봄과 여름을 지나며 거친 들판이나 험한 산비탈에서 모진 비바람을 견디고 난 뒤에야 찬 이슬을 맞으며 피어난다. 그래서 더 처량한 아름다움을 간직하고 있지 않나 싶다.

들국화는 찬 서리가 내리고 싸늘한 바람이 옷깃을 여미게 하는 늦가을까지도 기품을 잃지 않는다. 이런 고고한 꽃을 서정주 시인은 이렇게 노래했다.

> 한 송이의 국화꽃을 피우기 위해/ 봄부터 소쩍새는/ 그렇게 울었나 보다// 한 송이의 국화꽃을 피우기 위해/ 천둥은 먹구름 속에서/ 또 그

렇게 울었나 보다// 노오란 네 꽃잎이 피려고/ 간밤에 무서리가 저리 내리고/ 내게는 잠도 오지 않았나 보다.

사군자 중의 하나에 속하는 국화는 가을까지 길고 긴 시간을 기다려 맑은 향기의 꽃을 피우는 것이 참 고맙다. 가히 사군자의 반열에 오르기에 부족함이 없는 기품이 아닌가. 인공으로 피워낸 국화는 화려하지만 품위로 치면 산비탈에서 핀 찬이슬을 머금은 들국화에 어찌 견주겠는가.

나는 가을을 사랑한다. 그래서 꽃도 가을꽃을 사랑한다. 그중에서도 국화를 가장 좋아한다. 그리고 인생의 가을과도 같은 들국화를 한층 더 사랑한다.

김장 문화

겨울이 코앞으로 다가왔다. 칩거의 세월이 시작된다는 입동立冬이 지났다. 입동이 지나면 옛날부터 김장철이라고 했다. 여느 해와 마찬가지로 아내는 김장을 한다고 준비에 들어갔다. 건강이 좋지 않으면서도 김장철이 되면 또 김장을 준비한다. 나는 늘 밖으로 돌아다니다 보니 김장할 때 제대로 도와준 적이 별로 없다. 늘 미안한 마음이 앞섰다. 오히려 방해가 된다고 아내는 아예 근처에도 오지 못하게 했다.

수년 동안은 교회 집사님들과 품앗이로 오가며 김장을 했었다. 몇 년 전부터는 처제들과 연례행사로 치른다. 결혼 후 10여 년 간은 통배추를 절여서 김장했다. 그런데 아내가 류머티즘으로 고생을 한 후부터는 절임배추를 사다가 김장을 한다.

김장은 대부분의 가정에서 치르는 연례행사이기도 하다. 많은 단체에서 대규모로 김장행사를 하기도 한다. 많을 때는 몇백 포기를 담그고, 담근 김치를 불우한 이웃이나 친척, 그리고 친지들에게 나누어주기도 한다. 우리 한국의 고유한 생활풍습으로 정착된 지 이미 오래다.

우리가 어릴 때와는 김장 풍습도 많이 변했다. 시골에서 배추 등 손수 농사지은 식재료로 어머니가 이웃 아낙네들과 서로 돕는 행사였지만, 요즘은 양도 대폭 줄고 젊은 남편들도 함께 담근다. 가장 힘든 배추절이기는 절임배추가 박스로 들어와서 해결해 준다. 젊은 세대들은 김장을 하지 않고 아예 완성된 김치를 사서 먹기도 한다. 그러나 한국의 식문화에서 빼놓을 수 없는 것이 김장을 담그는 행사임에는 자타가 공인한다.

드라마 〈동백꽃 필 무렵〉에선 야박하게 굴던 동네 이웃들도 김장을 하면 김치를 꼭 나눠줬다는 내용이 나온다. 무뚝뚝한 겉과는 다르게 김치를 나누는 사이라면 끈끈한 정이 있다는 스토리였다.

김장은 우리나라 국가무형문화재이다. 그리고 2013년에 등재된 유네스코 인류무형문화유산이기도 하다. 문화재청이 처음 등재를 준비할 때만 해도 '김치 담그기' 또는 '김치 문화'라는 명칭을 검토했다고 한다. 김치라는 유형 유산에 묻힐 뻔했다고 한다. 세계에서 절임이나 발효 음식은 많이 있지만, 김치가 갖는 가장 중요한 가치는 '서로 나눠먹는 것'이라는 점을 발견했다. 이로써 김장 문화를 무형문화재의 가치로 인정받게 된 동인이었다.

그런데 요즘 중국이 난데없이 동북공정으로도 부족하여 김치가 자기들 고유의 음식이라고 나서고 있다. 이들은 우리나라 외교력의 약화된 모습에 약점을 파고들며 온갖 만행에 가까운 문화 잠식을 꾀하고 있다. 한복도 자기네 고유의 전통 의상이라고 뻗댈 판이다.

어디 그뿐인가. 축구선수 손흥민, 피겨 여왕 김연아 선수도 자기네 자치구의 선수라고 주장하고 나서는 판국이니 김치를 말해 무엇하겠나. 심지어는 항일 민족시인 윤동주까지도 자기네 시인이라니 말이나 될 일인가. 동북공정에 이은 '문화공정'으로 명나라 시대의 사대주의를 재현하고 있는 술책에 우리의 찬란한 문화가 빛을 바래지 않을까 걱정이 이만저만이 아니다. 이런 일에 정부는 아무런 대책도 해법도 찾지 못하고 중국의 눈치만 보는 듯하여 더욱 안타깝다. 우리나라의 위상이 말이 아니다. 그러니 어느 누구라도 분통이 안 터지겠나. 엄연히 우리 고유의 음식이고 의상이며 한국인의 우수 인재가 꿈에라도 이런 처지가 되어서는 안 될 일이다.

오늘 아침 뉴스에서는 더 기막힌 꼴을 목도했다. 중국 물품에 한국 상표를 위조해 버젓이 한국산으로 동남아 국가들에 수출한다는 것이다. 우리 제품의 우수성에 편승해 질 낮은 중국산을 속이는 사기까지 서슴지 않는 실정이다. 정부가 나서서 더 큰 쟁점으로 비화되기 전에 싹을 잘라야 할 일이다.

올겨울 김장을 이번 주말에 처제들과 함께한다고 한다. 이번에도 아들네와 딸네, 그리고 지인들과도 나누어 먹을 것이다. 역시 맛있는 김장이 될 것을 기대해 본다.

얌전하다

모든 거북함에는 이유가 있다. 이런 거북함은 인과관계에서 오게 마련이다. 나를 바라보는 너의 시선에서, 너를 대하는 나의 마음가짐에 거북함이 있다. 누군가의 입 속, 다른 누군가의 귓속에서만 이 모든 거북함의 원인을 찾지는 말 일이다.

외출했던 아내가 귀갓길에 전화를 했다. 그냥 들어가기엔 눈부신 가을하늘이 아깝다며, 근처 호수공원이라도 가자고 했다. 그러자고 옷을 입고 내려가려고 마스크를 쓰는데 딩동 문자메시지가 도착했다.

"영감님, 커피숍에서 라떼 한 잔 들고 기다리고 있어요. 바람이 차니 모자와 목수건을 챙겨 내려오세요."

유머 감각이 많지 않은 아내의 유일한 농담 섞인 '해요'체가 별

재미는 없어도, 이만하면 달달한 편이다. 남부러울 것 없건만 나는 이상하게 쓴웃음이 났다. 아내는 아직도 모르겠지만 내가 영감님이라고 불리는 걸 달가워하지 않는다는 것을. 다른 사람들한테서 들을 때는 아무렇지도 않은데 아내가 그렇게 부를 때는 귀가 간지러워진다. 간간이 눈치를 주었는데도, 아내는 내가 그 호칭을 좋아하는 줄 오해하고 있는 모양이다. 평소엔 그저 ○○ 아빠라 부르다가도 농담을 할 때는 꼭 '영감님'이라고 불렀다. 듣기 싫다고 하면 아마 되물을 것이다. 영감님을 영감님이라고 부르는데 뭐가 문제냐고. 그저 농담으로 그러는 것뿐인데 불순한 뜻은 전혀 들어있지 않다고.

그러다 보니 주말에 딸네 집에 갔더니 건강에 좋다는 홍삼 선물을 주었다. 장식 리본은 열 살 손녀가 달았다기에 아이의 등을 토닥여주며 칭찬을 해주었다.

"와아, 우리 소윤이가 얌전하게 잘도 묶었네!"

그런데 아이는 칭찬에 좋아하는 대신에 눈을 동그랗게 뜨고 제게 묻는다.

"그런데 할아버지, 할아버지는 왜 저를 항상 얌전하게 잘했다고 하세요?"

"응?"

"글씨 보고도 얌전하게 썼다고 하시고, 쿠키 가져왔을 때에도 그랬잖아요."

"그야 얌전하게 잘했으니까…."

"얌전하다는 건 말 잘 듣는 거 아녜요?"

그 순간 나는 당황할 수밖에 없었다. 사전을 찾아보면 아이의 말이 맞을 듯하다. 그러나 내가 써온 '얌전하다'는 적어도 우리에겐 최고의 칭찬이었다. 어릴 때 가장 많이 듣던 칭찬이었으니까. 그러나 21세기에 태어난 손녀에게는 생뚱맞았나 보다. 구원의 눈빛으로 아빠 엄마를 바라보니 사위는 반응이 없고 딸은 한술 더 떴다.

"아빠, 요즘 애들은 얌전하다는 말이 좋게만 들리지 않을 것 같아요. 그냥 잘했다. 멋지다. 완벽하다라고 해주시면 돼요."

"오, 그래?"

아이들과 헤어지고 나니 이 생각 저 생각이 떠올랐다. 우선, 세대 차이가 이런 거구나 싶었다. '얌전하다'라는 말이 불편하게 들릴 수 있다니, '말썽 피우지 말고 고분고분한 아이가 되라.'는 강요라고 느끼기 때문일까? 나는 그런 생각 없이 그냥 칭찬의 뜻으로 한 말인데. 어쩌면 제가 그 말을 자주 쓴다는 게 문제일 수도 있겠다는 생각이 들었다. 생각이 거기까지 미치자 딸의 얼굴이 떠올랐다. 혹시 딸도 그동안 '얌전하다'를 입버릇같이 해댄 말에 반감을 느끼고 있지는 않았을까? 그래서 기다렸다는 듯이 그런 지적을 한 것은 아닐까?

하긴 유독 나만 듣기 싫어하는 말이 누구에게나 있을 것이다. 상대방은 선의로 한 말인데, 나는 듣기 싫은 말, 특히 상대방이 시댁이나 처가 어른들이라면 때로는 싫다는 내색도 못하고 들어줬을 것이 아닌가.

세대 차이란, 어떤 말을 알아듣고 못 알아듣고의 문제만은 아닌 것 같다. 이해가 안 될 때, 대처 방법이 다른 것이 더 큰 차이도 있을 것이다. 우리 손녀는 궁금하면 묻는 세대, 듣기 싫으면 싫다고 말하는 세대이다. 한편 딸, 며느리는 싫다는 뜻을 비칠 기회를 노리는 세대겠지. 저는 뭐 말 그대로 사라져가는 구세대이고, 싫어도 싫지 않은 척, 나는 그게 왜 싫은지, 싫은 이유를 따져볼 생각도 안 했다. 오히려 싫은 마음을 감추기 바빴던 세대였다. 그리고 내 중심으로 못 산 세대다. 상대방이 거북하면 당연히 안 해야 한다. 열 살 손녀에게도 그 아이가 원하는 말과 표현으로 칭찬해줘야 마땅하다. 얌전히 잘했다는 말 대신 '멋지다' '시크하다' '완벽하다'라는 말이 통용되는 세대이다.

이래저래 자꾸만 작아지는 나의 세계, 모든 것이 멀어지고 버거워지는데 그래도 단 한 사람 아내만은 점점 더 낮은 자세로 내게로 다가오니 참 희한하다. 아마 지나온 세월이 지난해서, 아직 신세 질 일이 남아서 그러는 걸까.

1층에서 커피를 들고 '영감님'을 기다린다는 아내에게 오늘은 나도 속시원히 말해버릴 참이다. 그 묵은 농담은 이제 그만 사절이라고. 나를 웃게 하려면 내가 원하는 단어들로 웃겨 달라고. 나는 퇴직 후 '영감님'으로 불리기 시작했다. 아내는 아니라고 하겠지만, 그 속엔 무의식적으로 거리 두기가 있었다는 생각이 든다. 이제 생각해 보면, 영감으로 그렇게 세월을 재촉했던 게 아내도 후회스러울 것 같다.

현관 거울에 비친 내 모습을 보고 나는 깜짝 놀랐다. 흰머리 희끗희끗한 나 아닌 한 영감태기가 어줍은 미소를 흘리고 있는 게 아닌가? 먼저 떠나신 부모님이 내려다보시면 칭찬해 주실까? 아니면, 우리 아들 얌전하게도 곱게 늙었구나 하고 흡족해 하실까?

그러나 지금 중요한 건 1층에서 커피를 들고 기다리는 아내, 나는 그녀에게 전혀 얌전하지 않은 문자를 후딱 날렸다.

"영감님은 너무 늙고 지쳐서 못 내려가고 요산이 지금 내려간다."라고.

눈으로 말하기

사회적 거리 두기가 이제는 일상이 되어 가고 있다. 마스크가 방역의 최상인 듯하다. 흰 눈 내리던 어느 날, 소리 없이 불어 닥친 코로나 팬데믹은 잠잠한 듯하더니 정부가 여름 거리 두기를 해제하면서 재유행 단계에 접어들고 말았다.

코로나19 초창기에는 마스크 착용이 불편했고 외부에서는 잘 쓰지 않고 다니기도 했었다. 지난해 가을까지는 미세먼지 때문에 마스크를 철저히 쓰고 다녔었다. 아이들의 강력한 권유 때문에 미세먼지 대비 차원이었다. 최신형 공기청정기를 2대나 사보내기까지 했다. 그때까지만 해도 사람들은 마스크를 잘 쓰지 않았을 때였다.

그러나 이제는 마스크 착용을 철저히 하는 게 기저질환이 있는 사람의 일상이 되었다. 산행에서조차도 철저히 쓰고 다닌다. 게다가 성에가 자주 끼는 안경까지 썼지, 그 위에 둥그런 모자까지 눌러쓰면 보이는 건 겨우 두 눈뿐이었다. 두 눈망울은 겨우 보행에 필요한 최소만을 보고 걷는다. 반대쪽에서 걸어오는 여인들 그룹도 나와 별반 다르지 않다.

우리는 살아가면서 대부분 말로 서로의 생각을 나눈다. 상대방과 말을 주고받으며 토론을 거쳐 서로의 합의점을 도출한다. 그러나 때로는 말보다 눈짓이나 몸짓으로 의사를 주고받는 경우가 더 효과적일 때도 있다. 그래서 눈짓, 몸짓이 의사를 전달하는 도구가 되기도 한다.

마스크가 막은 입으로 말은 해도 듣는 이가 말하는 이의 마음을 어떻게 읽을지 난감할 때가 한두 번이 아니다. 말이란 원래 음성과 표정으로 말할 때 의사전달이 잘되는데, 우리는 몸짓의 언어인 바디랭귀지만으로는 더욱 의중을 읽어내기기 어려운 것은 당연한 일이지 않겠는가.

상대방의 속마음을 파악할 때 언어적 소통 이상 미세 표정 같은 비언어적 소통이 주는 정보를 활용한다. 그리고 비언어적 소통의 상당 부분은 얼굴이란 마음의 화면이 담당하는데, 요즘은 마스크만 확 보이는 소통으로 화면이 가린 상태다. 표정을 숨기고 싶다면야 마스크 소통이 효과적이라고 생각하겠지만 일반적으로 신뢰 증진이 소통의 목적이기에 마스크 소통은 아주 불편하다.

코로나를 떠나서 이전에 마스크 관련 연구를 보면 의사가 마스크를 쓰고 소통했을 때 환자가 의사한테 공감하는 정도가 떨어졌다. 안 썼을 때보다 단절감을 더 느낀 것으로 나타났다고 한다.

그렇다고 이제는 마스크를 벗으려야 벗을 수도 없는 상황이 되고 말았지 않은가. 언제쯤이란 기약도 없는 상황이다. 마스크 안에서 효과적으로 비언어적 소통을 강화할 요령도 생겨난다. 우선 마스크를 통해 나오는 목소리는 작고 웅얼거림이 계속 이어지듯 들려 잘 이해하기 어렵기 때문에 전체적으로 볼륨을 조금 올려 이야기할 필요가 있다. 또 문장이 끝나거나 이야기를 전환시킬 때는 한 템포 쉬고 가는 시간을 줄 필요가 있다. 그렇지 않으면 기승전결 없이 이야기가 중얼거리는 것으로 들릴 수 있다.

그리고 중요한 단어에는 조금 더 강한 악센트를 주는 것이 필요하다. 그런데 과한 것은 오히려 소통에 장애가 된다. 너무 볼륨을 올려 전체적으로 모든 단어에 힘을 주는 것은 오히려 상대방에게 부정적인 느낌만 줄 것이다. 요점을 찾다가 혼란을 가중시키기 때문이다.

역시 과하면 좋지 않지만 손짓과 발짓 같은 바디랭귀지도 평소

보다는 늘릴 필요가 있다. 그래도 눈 맞춤하며 표정으로 말할 때 서로의 마음이 가장 잘 오갈 듯하다.

그러나 코로나19도 양심은 있는 듯 눈은 볼 수 있게 열어 두었으니 감사하다. 마스크로 가려지지 않은 눈으로 말하기를 통한 의사전달이 얼마나 중요한 지 이제야 알 듯하다. SMIZE[smile with eyes. smile과 gaze(응시하다)] 라는 말이 생겨나기도 했다. 얼굴이 웃고 있어도 눈이 화가 나거나 슬퍼 보이면 행복하지 않다는 것을 상대방이 인식한다고 한다. 그만큼 눈의 소통이 중요하다. 눈가에 웃음을 짓는 것은 상대방에게 긍정적 감정을 전달해 준다. 이제부터라도 만나는 모든 사람에게 SMIZE 하기로 마음을 다잡는다.

제4부 삶의 발자취

운명애運命愛

성삼문의 절개

과학자 홍대용

두 영화로 보는 삶

삶의 무게

추사秋史를 넘어서

명예

실패, 성공의 길이 아니어도

유가사

골프 철학

운명애運命愛

아모르파티! KBS 〈열린 음악회〉에서 탱고풍의 가수 김연자 노래가 흘러나왔다. 대중가요에 이런 깊은 뜻의 철학적 의미를 담을 수 있을까? 처음 들었을 때는 '아모르' 파티party인가 했다. 신나는 파티 즉 향연 같은 것인가. 다시 자세히 들어보니 '아모르 빠띠'이다.

산다는 게 다 그런 거지/ 누구나 빈손으로 와/ 소설 같은 한 편의 얘기들을/ 세상에 뿌리며 살지/ 자신에게 실망하지 마/ 모든 걸 잘할 순 없어/ 오늘보다 더 나은 내일이면 돼/ 인생은 지금이야 / 아모르파티/ 아모르파티…

나는 아모르파티Amor Fati란 말을 좋아한다. 이 단어는 그리스 희랍어에서 온 말이다. 아모르는 에로스Eros를 의미하고, 파티Fati는 운명을 뜻한다. 종합해 보면 아모르파티는 운명애運命愛라 해석할 수 있다. '운명을 사랑하는 것' 프리드리히 니체의 운명관을 나타내는 용어이다.

아모르파티는 자신의 삶에서 일어나는 고난과 어려움까지도 받아들이는 적극적인 삶의 방식을 표출한다. 즉 부정적인 것을 긍정적인 것으로 가치 전환하며 자신의 삶을 긍정하는 것이다. 이는 니체 철학 전반과 연관을 갖고 있는 개념으로 디오니소스적 긍정의 최고 형식이다.

니체 철학의 핵심인 영원회귀사상의 관점에서 보면 삶은 동일한 것의 무한한 반복을 이루는데, 이를 통해 허무주의에 빠지는 것이 아니라 오히려 삶을 긍정해야 한다는 점이다. 특정한 시간이나 사건에 대한 만족이나 긍정을 의미하는 것만이 아니라 삶 전체와 세상에 대한 긍정을 통해 허무를 극복하는 것을 의미한다. 또한 아모르파티는 니체의 《즐거운 학문》, 《차라투스트라는 이렇게 말했다》 등에서도 언급되었으며, 니체는 인간이 자신의 운명을 알고 그것을 받아들인다는 점에서 위대한 것이라고 보았다.

니체의 기본 인생관에서 빠지지 않는 단어가 아모르파티인 이

유는 그가 오랜 동안 정신병에 시달렸기 때문이다. 그리고 사랑에 실패한 전력도 작용했을 것이다. 고통을 피하려 하지 않고 삶에 주어진 고통을 묵묵히 받아들이는 긍정적인 태도였다.

그런 니체의 철학은 어디서 온 것일까? 서양 철학의 기본 뿌리는 우리의 '금오신화' '단군신화'가 있는 것처럼 서양 정신을 세우는 '그리스로마 신화'였다.

이 그리스로마 신화는 '오디세이'와 '일리아스'로 나눌 수 있다. 저자는 호메로스로 알려져 있다. 오디세이아와 일리아스의 이야기는 잘 알려진 반면 저자 호메로스에 대해서는 잘 알려진 게 없다. 전설이다, 실존 인물이다, 혹은 다양한 작가들이 사상이 합쳐진 가상 인물이란 말이 설왕설래한다.

호메로스가 가장 먼저 아모르파티란 말을 썼다. 그의 작품 '운명을 사랑하라'는 소설 《오디세이아》에 나와 있다. 영웅 오디세우스가 트로이 전쟁을 끝내고 집으로 돌아가는 여정을 담은 소설이다. 이타카 왕 오디세우스의 삶 자체가 아모르파티인 것이다. 그는 트로이 전쟁을 승리로 이끈 전쟁 영웅이었지만 다시 고향 집으로 돌아가기까지는 10년이나 걸렸다. 괴물도 만나고 스타벅스 로고 주인공 사이렌(인어 모양)을 마주치기도 했다. 이때도 그는 도망치지 않고 자신을 기둥에 묶어놓고 노랫소리를 들은 일이 무척 유명하다. 이렇게 고생을 하며 고향으로 돌아오니, 웬걸 아내는 수많은 구혼자들로 인해 만나기도 어려웠다. 그럼에도 그는 구혼자들을 물리치고 겨우 아내를 되찾았다. 그렇지만 힘든 삶에 대한 분노와 거부는 찾아볼 수 없었다. 다시 아내를 찾았을 때 그는 이런 말을 남겼다.

"우리의 삶은 늘 고통으로 이루어져 있어요. 고난에는 끝이 없습니다. 아무리 그 일들이 힘들지라도 우린 그것을 완수해야만 합니다."

아모르파티에 대한 이해를 궁구하다 보면, 고통은 아픔이 아니라 차라리 시련이다. 우리는 이 고통이나 고난을 하나씩 완수해 나갈 뿐이다. 헤르만 헤세도 고통을 피할 수 없으면 극복하고 즐기라고 했다.

노랫말을 보면 고통을 이기고 가라 "마음이 가는 대로 하면 돼."라는 말로 아모르파티를 일갈하고 있다. 종심從心의 때에 꼭 맞는 말인 것 같기도 하다. 시대를 초월하여 니체도, 호메로스도 똑같은 고뇌를 했을 것 같다. 자신의 생각대로 참되게 살아가는 사람이 참 행복하다는 생각이 든다.

애오라지 운명을 사랑할 일이다. 아모르파티!

성삼문의 절개

전철 안에서 전화를 받았다. 성삼문 선생의 자료를 요청하는 안 선생의 청탁이었다. 해서, 충남 인물에 대한 발자취를 더듬어 보기로 하고 사육신 중의 중심인물인 매죽헌梅竹軒 성삼문成三問 선생의 생애와 발자취를 둘러보기로 하고 이틀간의 일정을 짰다.

그런데 매죽헌의 출생지 홍성군에만 가면 기행문이 완성될 줄로 알았는데, 알고 보니 그분의 묘지가 세 곳이나 되었다. 우선 논산시 가야곡면 양촌리에 자리한 매죽헌 묘지를 찾아갔다.

호우경보가 내려진 예보와는 달리 비는 조금씩 내리다 말다를 반복하고 있었다. 신기하게도 하차하여 유적지로 가는 시간에는 비가 그쳐 시원하게 걸으며 견학할 수 있어 좋았다.

양촌의 묘지를 찾고 보니 좀 생뚱했다. 우선 입구의 진입로는 풀이 우거져 접근이 어려웠고, 묘지 또한 너무 초라하여 놀랐다.

묘비에는 매죽헌梅竹軒이 아닌 '매죽당성선생지묘梅竹堂成先生之墓'라고 씌어 있었다. 이곳에는 다리 한쪽만 묻혀있다는 데에 더욱 놀랐다.

성삼문은 사육신 중의 일인이다. 수양대군이 조카 단종을 폐위시키고 왕위에 오르는 것에 반대한 사람들 중 중심인물이었다. 집현전 학자로서 세종대왕의 한글 창제를 보필한 집현전 학자이기도 했다.

그는 문종이 단명하여 왕위를 열두 살밖에 안 된 단종이 계승하였으나, 수양대군의 폭거로 단종 폐위사건이 대두되었을 때, 이를 반대하다가 1456년 노량진에서 거열형車裂刑으로 생을 마감했다. 시신은 조선 팔도에 분장되었다고 하니, 형벌치곤 고약한 형벌이 아닐 수 없다. 그래서 묘지가 연산에, 홍주 적동리(현, 홍성군 홍북읍 노은리)에, 그리고 노량진에 있는 것으로 사료된다.

다음날은 일행들이 동행하여 주었다. 운전이 미숙한 나를 돕기 위해 아침 일찍 만나서 홍성으로 향했다. 비가 내리는 길에는 가로수로 심은 무궁화가 환하게 늘어서서 충신 성삼문의 유허지로 가는 길을 안내해 주었다. 한옥 마을을 지나니 멀리서 유적지가 손짓했다.

매죽헌 선생의 유허지遺虛址 제일 앞에는 유허비遺虛碑가 있고,

중간에는 사당, 맨 뒤에는 노은단이 있었다. 유허지란 역사적 사실이 기록만으로 남아 있고, 유물이나 문화재가 전혀 없는 곳을 의미한다. 유적지와는 차이가 있는 단어이다. 유적지와 마찬가지로 보존해야 하는 장소임에는 틀림없는 곳이다. 성삼문이 탄생하고 자란 이곳은 고려 말기의 무민공 최영 장군이 태어나기도 한 명당 지역이었다. 노은단이나 최영 장군의 사당에서 내려다본 전망과 산세는 지관에 문외한인 우리가 보아도 참 좋은 자리인 것 같았다.

성삼문 선생 유허비는 선생의 충절을 기리기 위해 세워졌다. 유허비란 선현의 자취가 있는 곳을 기리거나 추모하기 위해 세우는 비석이다. 비의 앞면에는 선생이 홍주 적동리에서 태어났으며, 선생을 비롯한 사육신의 유허비가 세워지는 과정과 그들의 절개를 기록하였다.

1668년 현종 9년에 홍주 관찰사인 민유중이 성삼문 선생을 추모하고자 비석을 세우고자 했고, 이에 우암 송시열이 글을 지었다고 기록되어 있다. 뒷면에는 1672년 인왕산 기슭에서 신주를 발견하고 유허지로 봉안한 과정, 사당의 건립, 사육신 위패의 봉안, '녹운'의 사액과 '노은'으로의 명칭 변경, 국가에서는 노은서원에 제향을 위해 밭 17결을 귀속시켰음이 기록되어 있다. 뒷면의 글은

윤봉구가 짓고, 이기진이 썼다고 한다.

성삼문 유허비 옆에는 노은서원 유허비도 함께 있다. 단종 복위 운동에 실패하고, 성삼문이 죽자 부인 김 씨는 신주를 만들어서 제사를 지내다가 인왕산에 신주를 묻고 사망했다고 한다. 그 후 신주가 발견되자 이곳으로 옮겨 모시게 되니 그것이 녹운서원이 되었다.

1676년 숙종 2년에 녹운서원의 사액을 받았는데, 이후 인현왕후의 오빠인 민진우와 우암 송시열은 이 동네를 노산魯山(단종의 왕호)의 노魯 자와 은의恩義의 은恩 자를 따서 노은魯恩이라 칭하게 되었다고 한다.

이후 마을의 이름을 따 1709년 숙종 35년에 녹운서원은 노은서원으로 개정되었다. 그런데 고종 때 흥선 대원군의 서원 철폐령에 따라 노은서원도 훼철되었다. 지금은 그 흔적인 노은단만 남아 있다. 그 자리를 기억하기 위해 노은서원 유허비를 세워둔 것이다.

안내문을 보니 성삼문을 낳기 전에 하늘에서 "아이를 낳았느냐." 세 번 물었다고 하여 삼문三問이라고 지었다는 얘기가 전해진다. 예전에는 아이를 낳을 때 친정으로 가서 해산을 하는 풍습이 있었다. 성삼문은 율곡 이이처럼 외갓집에서 태어나고 자랐다. 지금은 집터가 흔적도 없이 사라져 애석한 마음 금할 길 없다.

성삼문 선생 유허지에서 조금 올라가니 충절문이 나왔다. 이곳은 선생의 사당인 충문사가 있는 곳이다. 단청이 곱고 솟을대문이 인상적이었다. 충문사에 들어가 보니 매죽헌의 영정과 제를 올리는 제단이 있었다. 영정 사진과 초상화는 동양화가 손연칠이 그렸다고 한다.

노은단으로 올라서기 전에 성삼문 선생 사적기와 〈단심가〉 비석을 볼 수 있었다. 선생의 사적기는 성삼문이 태조 18년에 도총관 성승의 맏아들로, 이곳 외가에서 태어났으며, 평소 그는 매화의 맑은 향기와 절개의 상징인 대나무를 사랑하여 호를 매죽헌梅竹軒이라 지었다 한다.

그는 18세에 생원시에 합격했다. 식년문과시와 문과중시에 급제하여 집현전직제학에 임명된 것이다. 이후 세종대왕의 총애를 받아 세종 29년 집현전 학사로 발탁되어 한글 창제에 종사했다. 세조가 1453년 계유정란을 일으켜 조카 단종을 내쫓고 왕이 되자 성삼문 등은 복위운동을 하다 발각되어 고문을 당하면서도 동료의 이름을 밝히지 않았다고 한다.

38세의 젊은 나이로 생을 접은 고혼, 그의 아버지와 사육신들도 같이 처형되었다. 처형된 후 집을 뒤져보니 나라의 녹을 한 톨도 먹지 않고 받은 날짜까지 적어서 보관했다고 하니, 선생의 충절은 지금까지도 널리 회자된다.

〈단심가〉의 비碑를 만났다. 우리나라에서 가장 오래된 시집《청구영언》에 수록된 내용을 비석에 새긴 것이다. 고려 말의 정몽주의 〈단심가〉와 시대적 상황은 다르지만, 한 임금을 섬기지 두 임금을 섬기지 않는다는 절개의 표출은 대동소이하다.

> 이 몸이 죽어 가서 무엇이 될꼬 하니
> 봉래산 제일봉에 낙락장송 되어 있어
> 백설이 만건곤할 제 독야청청하리라

계단을 따라 노은단에 올랐다. 노은단은 흥선 대원군의 서원 철폐령으로 노은서원이 철폐되고 난 후 성삼문 선생을 비롯한 사육신의 위패를 묻은 제단이다. 노은단은 초라한 무덤이다. 이곳에 서원이 훼철되고 위패를 묻은 곳이라고 하기에는 너무도 소박하고 초라하기까지 했다.

내려오는 길에 만난 기울어진 소나무가 인생무상을 솔바람으로 하늘대고 있었다. 단종이 유폐되었던 영월 청령포의 노송은 한양 어소를 향해 기울어져 있는데, 여기 노은단에서는 사육신의 위패를 모신 사당을 향해 자꾸만 고갯짓을 한다. 마치 매죽헌의 고결한 품성을 후손들에게 길이 전하고 싶다는 듯이.

과학자 홍대용

아, 슬프다
덕보는 민첩하고,
겸손하고,
식견이 원대하여
사물의 이해가 정밀하였다
일찍이 지구가 한 번 돌면
하루가 된다고 하여
그의 학설이 오묘하였도다.

덕보 홍대용의 빈소에서 취중에 연암 박지원은 붓을 들어 묘비명을 이렇게 썼다. 일찍이 덕보를 진정한 선비이자 과학자임을 알아본 연암의 글솜씨 또한 수려하다. 덕보를 우러러보았기 때문이었으리라.

덕보는 1768년 백탑 근처로 이사하여 소위 백탑파 사람들과 교류했다. 박지원, 박제가, 이서구, 서상수, 유득공, 유금 등이다. 박제가, 정철조와는 이용과 후생 등에 대해 열띤 토론을 했다.

명나라를 섬기며 성리학을 중심으로 내려오는 사상을 섬기며 새로 세워진 청나라를 배격하는 풍조가 만연하던 시기에 북학사상을 내세워 청나라의 문명을 수용하자고 했다. 덕보를 중심으로 한 백탑파가 실용을 주장한 것이다.

어느 시대건 제도와 가치가 현실과 가까우면 행복한 시대요, 멀면 불행한 시대가 된다. 특히 조선왕조 후기에는 불행하게도 낡은 제도와 가치가 현실과 너무 먼 불우한 시대였다. 제도는 백성들의 생활과는 유리되고 탐관오리와 부정부패가 만연하여 백성들은 고통의 늪에 빠지고 말았다. 이런 문제를 극복하고자한 조선후기의 과학적이고 실용적인 사상이 곧 실학이었다. 낡은 제도를 개혁하고 생산성을 늘리는 방안을 연구하고 실현하고자 자각한 지식인들이 바로 실학자들이었다.

17~19세기 실학 지식인들의 자각은 내외적 요구와 자극에 바탕을 두었다. 내부의 개혁과 변화는 낮은 수준이지만 서방의 선진화를 받아들인 청은 상품, 화폐, 경제, 과학기술을 추구하며 앞서 가고 있었다. 특히 청나라를 통해 서양의 과학과 문물을 알게 되

었다. 이를 바탕으로 세계 속에 자아를 인식하게 되었다. 실사구시實事求是를 실천하는 실학을 토대로 세계문명을 받아들이고 소통하는 것이었다. 실학적 사유와 논리는 현실을 매개로 한 고전의 재해석에 있었다.

홍대용(1731~1783)의 본관은 남양, 자는 덕보德保, 호는 홍지弘之, 담헌湛軒이다. 나는 개인적으로 홍대용보다는 덕보라고 부르는 게 좋아 덕보라고 부르고 있다. 그는 충남 천원군 수신면 장산리 장명 마을에서 태어났다. 아버지 홍역(洪櫟)과 어머니 청풍 김씨 사이에서 태어났다. 조부 홍용조 (1686~1741)는 대사간과 충청감사를 지냈다. 부친은 서산 군수를 했다. 숙부 홍억 (1722~1809)은 1753년 문과에 급제한 뒤 정언, 교리 등의 벼슬을 지냈다. 특히 1765년 연행사의 서장관으로 중국을 방문했다. 덕보도 자제군관子弟軍官으로 숙부의 수행원으로 동행하게 되었다.

그는 당시 명문가에서 태어나 출세가 보장된 입장이었지만 출세보다는 비주류의 삶을 살았다. 본인이 자처하여 비주류라고 할 수 있는 북학파들과 함께 글을 읽고 토론했다. 당시로선 잡학으로 여기던 과학기술을 공부하는 김원행의 석실서원에서 23년간 공부하며 실학과 예술에 심취하게 되었다.

홍대용을 필두로 박지원, 박제가, 김정희로 이어서 자제군관으로 북경을 다녀오면서 많은 중국인들뿐 아니라 서양 선교사들과 만나고 교류를 가졌다. 60여 일 북경에 머무는 동안 유리창을 방문하여 절강성 향시에 급제한 항주지방의 선비 엄성, 반정균, 육비 등을 만나 사귀게 되었다. 또한 서양 선교사 할러쉬타인Hallerstein과 고가이슬Gogeisl을 만났다. 덕보는 이들을 통해 천문학과 서양 과학기술 등을 몰두했다. 관상대, 천상대를 찾아가 천문기구 등을 구경했다. 음악에도 조예가 깊었다.

그는 북경에 머무는 동안 실제 경험한 체험과 만난 사람들과의 필담을 《의산문답醫山問答》이란 소설로 써내려갔다. 북경 방문길에 들러간 의무려산을 배경으로 하고 있다. 《의산문답》은 모든 사람이 진리라고 믿는 것을 풍자한 과학소설이다. 세속적인 허례허식과 공리공담만을 일삼는 허자虛子의 물음에 실학적 인물인 실옹實翁이 답하는 형식으로 구성되어 있다. 30년간 성리학을 익힌 허자가 자신의 학문을 자랑하다가 의무려산에서 실옹을 만나 자신이 그동안 배운 학문이 헛된 것이었다는 것을 알게 되는 내용이다. 실학을 알리려는 의도였으리라.

연암이 덕보의 묘비명에 지전설을 말한 것도 덕보의 선도적 과학자임을 보여주듯 지구의 자전을 말하는 지전설과 우주무한론도 완성해 나갔다. 한문으로 된 《담헌연기湛軒燕記》를 썼다. 연은 연경을 줄인 말이고 담헌은 그의 호이다. 그리고 그는 한글로 《을병연행록乙丙燕行錄》을 썼다. 청나라에 다녀오면서 20권으로 나누어 쓴 사행일기다. 이 연행록은 연암의 《열하일기》의 바탕이 된 책이기도 하다. 이는 덕보가 어머님께 바치는 글이라고 자술했다.

그는 하늘의 기氣를 위에 놓고 그 아래에 해의 원소 불을 꼽고, 우주의 원소는 물과 흙을 들어 말했다. 그는 집의 정원에 농수각을 세워 각종 천문관측을 시도한 선각자다.

그가 태어난 생가 근처 천안시 동남구 수신면 장산리에 '홍대용과학관'이 세워졌다. 800밀리 반사망원경 등 다양한 천문기구와 그의 행적이 기록되어 있다. 그는 과학, 수학, 천문, 음악 등에 조예가 아주 깊었으나 상대적으로 다른 북학파들에 비해 남겨진 책이 부족한 편이다. 글쓰기보다 자연과학 등에 더 정진했기 때문이리라.

실학을 선도한 그가 남긴 업적은 후학들에게 귀감이 되고, 그를 본받아 과학의 발전을 통해 나라의 앞날이 첨단의 선도적 역할을 하는 국가가 되기를 소망해 본다. 우리 충청인의 자랑이요, 천안의 자랑이 아닐 수 없다.

두 영화로 보는 삶

Be You(여러분 자신이 되세요)!

그 무덥던 여름 8월에 감상했던 영화 두 편이 오버랩되었다. 〈원 찬스(One Chance)〉와 〈프리다 칼로(Prida Kahlo)〉이다. 실화를 바탕으로 한 눈물을 머금게 하는 얘기들이다.

〈원 찬스〉, 영국의 유명한 성악가 폴 포츠(1970~)가 역경을 딛고 일어선 삶의 드라마틱한 영화였다. 그는 영국의 항구도시 브리스톤에서 4남매 중 둘째로 버스 기사 아버지와 슈퍼마켓 캐셔casher 어머니 사이에서 태어났다. 초등학교부터 고등학교 시절까지 친구들로부터 왕따였고 친구들은 그를 패배자loser, 후줄그레saddo 라는 별명으로 놀려댔다. 폴 포츠 자신도 견디지 못해 우울증에 빠지기도 하였다. 밤길에 공사장 철근에 부딪혀 앞니 두 개가 잇

몸을 뚫고 나와 입천장과 비선라인을 뚫는 사고도 겪었다.

따돌림 속에서도 세인트 마크앤드의 세인트 존 대학에서 철학과 신학을 전공했다. 그는 대학 학자금 대출금을 갚지 못해 가축농장, 음식공장, 자동차 부품공장 등에서 온갖 잡일을 했고, 1994년부터 거의 10년간 대형마트 테스코에서 비정규직으로 일했다. 사고는 계속 이어졌고 건널목에서 차량에 치여 척추가 손상되고 여러 번의 자전거 사고와 2003년에는 10센티미터의 종양 제거 수술까지 받았다.

그런 와중에도 노래를 향한 꿈은 놓지 않았다. 즐겁게 살려고 열정을 가지고 노래를 불렀다. 그에게 어려운 시련의 친구는 노래밖에 없었다. 2007년 3월 17일 영국 카디프 밀레니언 센터에서 영국인의 숨은 보석을 발굴하는 브리튼스 갓 탤런트Britsin's God Talent의 오디션장에 한 지원자가 수줍게 걸어 나왔다. 재킷은 품이 좁아 단추는 채워지지 않았고 팔소매는 길어 우스꽝스럽게 등장했다.

"뭘 보여 줄 건가요?" 한 심사위원의 질문에 오페라를 부르겠다고 했다. 심사위원들 얼굴에는 어이없다는 표정들이었다. 그가 선택한 곡은 푸치니의 오페라 투란도트 중 아리아 〈공주는 잠 못 이루고(Nessun Dorma)〉였다.

"사라져라 밤이여 새벽이 되면 나는 이기리 이기리 이기리…."

승리를 다짐하는 순간 마지막 가사가 끝나기도 전에 기립박수와 함성이 터져 나왔다. 한 심사원은 눈물을 흘렸고 날 선 촌평으로 정평이 난 사이먼 코웰 위원마저도 "정말 대단하다."고 칭찬을 아끼지 않았다.

폴 포츠가 일생일대 최고의 기쁨을 맛본 순간이었을 것이다. 그는 한국을 제2의 고향이라고 생각한다고 했다. 한국에는 그를 사랑하는 열성팬이 많아 한국을 찾아왔고 세종문화회관 그리고 지방 각지를 돌며 순회공연도 했다. 그는 말한다.

"성공은 자신의 밖에서 찾으려고 하면 백전백패다. 네가 가진 최고의 너를 보여 주어라. 어떤 일이 닥치더라도 여러분 자신이 되세요!(No matter what life throws at you, Be you!)"

〈프리다 칼로〉, 프리다 칼로는 멕시코 태생의 유명한 여류화가의 일생을 그린 영화이다. 프리다 칼로(1907~1954)는 여름의 뜨거움보다 더 뜨거움으로 나를 열병 속으로 밀어 넣고 흔들었다. 나도 그녀와 함께 처절한 아픔을 앓게 되었다. 서울 올림픽공원 내 소마미술관에서 약 3개월간 열린 그녀의 작품 특별전과 함께 그녀의 생애를 그린 영화도 상영되었다.

그녀는 멕시코시티 교외 코요아칸에서 독일인 아버지와 멕시코인 어머니 사이에서 태어났다. 겨우 일곱 살 소녀는 소아마비로 다리를 절게 되었고, 1925년 18세 때 남자친구와 타고 가던 버스가 열차와 충돌하여 큰 부상을 입었다. 사고로 척추, 오른쪽 다리, 자궁 등을 다치고 평생 30여 차례의 수술을 받는 힘겨운 삶을 살았다.

폴 포츠에게 노래가 그의 삶의 전부였던 것처럼 프리다 칼로는 삶이 그림 그 자체였던 것이기에 그녀는 교통사고로 3년 동안 입원해 있으면서도 그림 그리기로 역경을 이겨냈다. 전신의 깁스 위가 캔버스였다. 그리고 아버지가 제작해준 병원 침대 특수 캔버스 위에 고통을 무릅쓰고 자신의 자화상을, 또는 다른 그림들을 쉼 없이 그렸다. 초상화 속의 그녀는 눈빛이 강렬했고 강한 인상의 멕시코 특유의 얼굴형과 멕시코 전통의상을 즐겨 표현했다.

그녀는 1939년 르누와 콜 갤러리에서 열린 멕시코 전시회에서 피카소 등 쟁쟁한 유럽 작가들로부터 초현실주의 작가로 인정받았지만, 그녀 자신은 유럽 모더니즘의 영향을 받은 것이 아니고 멕시코적인 것에 뿌리를 둔 것이라고 정체성을 지켰다.

그녀는 사랑에 실패하는 아픔도 겪었다. 그의 스승이었던 디에고 리베라라는 멕시코 거장 화가와 사랑에 빠졌고 결혼했지만 난

봉꾼인 그는 수많은 여자를 만났고 칼로의 친동생과도 관계를 갖기도 하였다. 그녀는 리베라를 사랑했지만 그의 바람을 잠재울 수 없어 마침낸 이혼하고 방황했다. 말년에 건강 악화로 힘든 시기를 겪으며 리베라와 재결합하였다. 얼마 후 그녀는 끝내 삶을 마감하게 된다.

그녀에게 가장 심각했던 일은 겨우 임신한 아이를 세 번이나 유산하고 끝내 아이를 낳을 수 없다는 현실이었다. 그녀는 이런 사실을 그림에 담아냈다. 〈헨리포트의 병원〉, 〈금속의 유체〉, 〈나의 탄생〉, 〈프리다와 유산〉 등의 작품에서 칼로의 모습은 탯줄과 줄, 뿌리, 같은 오브제를 연결시키고 있다.

〈다친 사슴〉, 〈나무에 유체〉 등 작품에서도 여러 개의 화살을 맞고 피를 흘리지만 시선은 강렬하고 투명하고 강한 빛을 발한다. 이는 그녀가 삶에 대한 강한 의지와 자신의 삶을 그림으로 승화시켰음을 볼 수 있었다. 1984년 멕시코 정부는 그녀의 작품들을 국보로 지정하였다.

삶의 연대는 다르지만 칼로는 길지 않은 시간을 살았고 그녀가 남긴 작품들은 아주 강렬했다. 폴 포츠는 어려움을 딛고 일어선 천재적 음색을 갖춘 성악가였다. 길고 무덥던 여름이 더 뜨거웠던 것은 두 예술가의 삶이 뜨거웠기에, 그리고 역경을 이기고 살다 간 프리다 칼로와 겸손하게 살고 있는 폴 포츠를 보았기에 그랬을 것이다. 두 사람의 얼굴이 자꾸만 나를 부끄럽게 만드는 밤이다.

삶의 무게

마트에 갔던 아내에게서 전화가 왔다. 짐이 많으니 지하 주차장으로 내려오라기에 내려갔다. 이것저것 짐 꾸러미가 카트에 한가득이다. 딸네가 내일 온다기에 장을 보아온 것이다. 아내는 어깨가 성치 않아 짐을 잘 들지 못한다. 나 역시 몇 년 전 빙판에서 넘어져 팔목에 골절상을 당한 후유증으로 무거운 짐을 드는 게 버거운 일이 되었다.

짐을 나르면서 어깨에 얹히는 무게를 감당하기 어려웠다. 2030 때는 쌀 한 가마니도 지고 다녔었는데, 지금은 생수 몇 병 들기도 힘에 부친다. 이는 나이 탓만은 아니리라. 수년 전 빙판에 나뒹굴고 나서 내 마음도 함께 깁스를 한 탓인지도 모른다.

얼마 전 추석 빅 콘서트가 전파를 타고 울려 퍼졌다. 〈대한민국

어게인 나훈아〉 콘서트였다. 거기에서 나훈아는 세월의 무게를 짊어진 삶이 무겁고 직업의 무게가 너무 무거운데 국가가 주는 훈장의 무게를 더하면 고개를 들고 살 수 없다며 훈장을 사양했다는 말에 감동을 받았다. 크게 한 일도 아닌데 훈장을 받을 자격이 없다는 겸손의 말인 듯했다. 중압감으로 책임의 무게가 버거웠다고도 했다.

특히 자유로운 영혼과 직업의 무게라는 말이 나의 가슴에 와 닿는다. 직업은 단지 경제적 수단으로 생각하는 시대에 직업의 소명(무게)을 이야기하는 것이 현 자본주의 사회에 맞지 않을지 모른다. 그러나 많은 사람들이 공감하는 것은 아직 밝고 희망이 있기에 나훈아를 통하여 동감하는 무대였다. 열광을 보낸 온라인 콘서트는 상상을 초월한 뜨거움의 한마당이었다.

가수라는 직업의 무게는 얼마일까? 그러면 우리 각자 직업의 무게는 얼마로 내려앉을까. 나의 경우, 초년 기사 시절에는 기술적인 문제부터 공기문제, 안전문제, 작업자들 관리 문제며 쉬운 게 하나도 없었다. 직업의 무게를 의식할 시간조차 없던 때이었던 듯하다.

이제 은퇴 후에 생각해 보니 그 무게의 압박은 실로 어마어마했던 것 같기도 하다. 개발이 한참이던 시기의 변화하는 건설 분야에서 살아 본 직업의 무게는 가수라는 직업의 무게보다 더하면 더 했지 덜하진 않았을 것이다. 어느 분야든 직업의 무게는 경중을 떠나 다르지 않을 것이라는 생각이 든다.

영어의 길이라는 로드Road와 짐이라는 로드Load는 비슷한 발음과 철자로 이루어졌다. 뜻은 다르지만 묘하게 같이 쓰이는 경우가 있다. 인생길과 삶의 무게 같은 경우를 보면 그렇지 않은가. 전에 보았던 〈인생을 짊어지고〉라는 다큐 영화에서 지게에 짐을 지고 산꼭대기 산장까지 운반하는 '봇카'라는 직업이 나온다. 일본의 오제국립공원에서 12㎞ 떨어진 산장까지 필요한 물품을 나르는 일을 하는 것이다. 자신의 키 높이보다 높고, 몸무게보다 훨씬 무거운 무게, 그들의 어깨를 짓누르는 것은 짐의 무게보다 균형이란다.

항공사에는 탑재물을 관리하는 로드마스터란 직업이 있다. 그들에게도 중요한 것은 역시 균형일 게다. 부피와 무게가 달라서 무게가 한쪽으로 쏠리지 않게 하는 것이 핵심이다. 세월호 참사의 원인도 무게중심을 준수하지 않고 균형을 잃은 과적을 했기 때문이었다. 선주의 과욕에서 비롯된 것이 아니던가.

봇카들은 등산객들과 최대한 부딪치지 않기 위해 노력한다. 자신이 균형을 잃고 넘어지거나 금방 지치기 때문이다. 봇카들은 따로, 또는 같이 걷기도 한다. "빨리 가려면 혼자 가고, 멀리 가려면 함께 가라."는 아프리카 속담이 생각나기도 한다.

일용할 양식을 위해 지는 삶의 무게는 영화에서처럼 짐채만 한 짐을 지고, 바람을 맞으며 흔들리게 마련이다. 역시 삶이란 흔들리며 나아갈 때 균형을 잡는 요령이 곧 삶의 지혜가 아닐까.

직업을 가진 사람이 직업에 대하여 어떤 마음을 갖는가에 따라 무게도 다르게 다가올 것이라는 생각이 든다. 직업에 대한 바른 마음을 가져야 한다면 그것은 경敬이라고 말하고 싶다. 경이란 감사하고 삼가고 절제하는 마음과 성실한 자세를 말할 것이다.

이는 직업이, 맡은 책무를 통하여 사명감을 일으켜야 하는 것이라고 생각하게 한다. 가수 나훈아가 얘기했듯이 직업의 무게 즉, 삶의 무게를 알아야 할 것이다. 봇카처럼 균형의 무게를 잘 잡아야 할 일이다.

삶의 무게가 경에 이를 때 인류의 복지 향상에 기여하여 인류의 행복에 일조하는 것이 아니겠는가. 더 나아가서 신까지도 기쁘게 하는 것이 아닐까. 삶은 신의 부름Calling이라는 천명으로 인식하는 것에서부터 출발하는 게 경이 아닐까?

추사秋史를 넘어서

글쓰기가 무엇인가? 아마도 자기의 생각과 지식을 글자로 표현하는 행위일 게다. 내 생각을 문자 혹은 다른 예술방법으로 표현하여 책으로 보관하고자 하는 마음은 인간의 본능이다. 왜냐면, 사람의 기억력은 유한하기 때문이다.

무형의 사상이 유형화되면 그때는 나만의 것이 아니고 타인과 공유하는 것이 된다. 그러기에 글쓰기는 더욱 신중하여 독자들이 공감할 수 있어야 한다. 감동은 나와 읽은 이 모두의 삶 속에 스며들게 마련다.

글쓰기 중에 서예라는 분야가 있다. 이는 글쓰기라기보다는 글자를 형상화 시키는 예술 행위이다. 그래서 붓을 들면 상상의 나래가 창공을 주유하고 때론 고뇌의 심연 속에서 삶의 가치를 운위하기도 한다.

우리는 흔히 서예라고 하면 조선시대의 한석봉과 추사 김정희를 떠올리게 된다. 한석봉은 학창시절 국어 교과서에 수록된 떡장수 어머니와 아들의 실력 대결이 생각나게 한다. 추사는 제주도 유배시절에 그린 〈세한도〉가 기억된다.

서예는 기록의 목적을 초월했을 때는 예술의 한 분야로 확장된다. 나아가 글에서 글 쓴 이의 정신과 사상, 인품과 인격을 드러내는 전인격의 표현수단이 되어야 한다. 그리고 필법을 궁구하며 기술을 연마해야 한다.

추사는 칠십 평생에 벼루 열 개와 붓 일천 자루를 모두 닳아 없애야 한다고 했다. 그는 일찍이 팔뚝 아래에 삼백아홉 개의 옛 비문 글씨를 완전히 익혀야 하고, 옛 사람이 남긴 훌륭한 글씨체 삼백아홉 가지를 임서하여 배워야만 비로소 자신의 글씨를 쓸 수 있다고 역설했다.

중국 송나라 시인 소동파는 글쓰기 과정을 다음과 같이 술회했다. "쓰다 버린 붓이 무덤같이 수북이 쌓여도 하나도 진기한 일이 아니며(退筆成塚不足珍), 만 권의 책을 읽어야 비로소 신과 통할 수 있다(讀破萬卷始通神)."고 역설했다.

중국의 서예사書藝史를 살펴본다. 서성書聖이라 불린 왕희지는 고상한 운치가 감돌고 생동하는 신운神韻을 불어넣은 새로운 글씨를 창안했다. 구양순은 법法을 불어넣어 글씨를 완성하였다. 뒤이어 소동파는 의意를 불어넣어 활달한 글씨를 썼다. 조맹부, 동기창 같은 서예가는 새로운 태態의 경지를 열어 보였다. 그리고 청나라 정판교는 괴怪를 불어넣었다. 모두 옛사람들의 고전에서 새것을 찾아내는 입고출신入古出新의 정신으로 자신만의 서체를 창안했던 것이다.

한데 입고출신의 정신에 가장 투철한 서예가는 역시 추사 김정희였다. 그는 '추사체'라는 독보적인 경지를 이루었다. 옛사람들의 장점을 모두 모아 새로운 조형미를 만들어 낸 것은, 오랜 시간 연습과 연구 그리고 수양으로 다듬어낸 끊임없는 노력의 결과라 하겠다.

붓으로 쓰고 그리는 공간에는 서예가의 힘과 기운이 흐른다. 그런데 먹물이 묻지 않은 흰 공간인 여백에도 힘과 기운의 흐름은 존재한다. 먹물의 흔적과 흐름이 형상화되는 동시에 형태가 없는 여백에 기가 흘러들어 가득 차게 된다. 즉 음양의 기가 여백에 통하는 경지가 된다.

추사 김정희가 구사한 〈세한도歲寒圖〉의 여백의 미를 살펴보면, 화폭엔 단지 집 한 채와 네 그루의 나무를 간결한 필치로 그려 넣었다. 이 그림에서 추사는 제주도 귀양살이를 하는 자신의 처지를 외딴집으로 상징화했다. 그리고 사제師弟 간의 변치 않는 의리를 눈 쌓인 한겨울 추위 속에서도 늘 푸른 소나무와 잣나무의 기개로 표출시켰으며, 눈 덮인 나지막한 언덕 너머의 빈 공간은 '절제'된 중용中庸과 침묵의 처소로 설정했다. 추사는 이 그림을 보는 이가 여백으로 들어와 자신과 이심전심으로 뜻과 여운을 공감할 생각을 담은 듯하다.

한편, 추사 김정희를 능가할 만한 현세의 서예가 한 분이 계셨다. 바로 소지도인 강창원 선생이다.

소지도인 강창원 선생은 모든 점과 획마다 붓끝이 만들어내는 '핵核의 씨눈'이 살아 있는 글씨를 썼다. 이런 글에는 오지제력五指齊力하고 만호제력萬豪齊力하여 중봉中峰으로 글씨를 썼다. 붓을 잡을 때 다섯 손가락의 고른 힘으로 모든 붓털이 힘을 골고루 발휘하여, 붓끝이 늘 가운데에 있어 치우침이 없어야 한다고 했다. 그분의 명필은 점과 획의 어디에도 '씨눈'이 들어 있다고 한다.

그분은 일반인들에게는 널리 알려지지 않은 숨어있는 보석 같은 명필 서예가이다. 해방 이후 국전을 외면하고 스스로 즐기고 수양하는 예술로 생각하고 유유자적한 생활 속에서 작품 활동을 한 분이다.

추사는 일생에 단 한번 중국 베이징을 방문해 한 달 정도 당대의 중국 서예계를 둘러보고 많은 영향을 받고 돌아왔다. 그러나 강창원 선생은 중국에서 30년을 살면서 15년 이상 베이징에서 공부했다. 부유하고 후덕한 의료인 집안 자손으로 서예의 본고장인 베이징에서 자랐다. 북경에서 선친이 운영하는 병원 응접실에는 수많은 문인, 화가, 서예가들이 모여들었고, 이들이 기증한 수많은 작품 속에서 그분의 서예에 대한 꿈도 자랐을 것이다. 당시 베이징 유리창 거리에는 명필의 현판들로 현란했고, 골동 서화상이 집결해 있었다.

강창원 선생은 당나라 시대에 완성된 해서楷書를 잘 쓰는 보기 드문 서예가로 임지학서臨池學書 지수진묵池水盡墨의 노력으로 당나라 대가들의 서법과 서풍을 더욱 발전시킨 분이다. 안진경의 산수, 구양순의 완벽한 결구와 법식, 우세남의 우아함, 유공권의 골격, 저수량의 날렵함과 상쾌한 멋을 터득한 위에 독특한 필법을 구사하였다고 한다. 그 외에도 그분은 모든 서체를 섭렵했다. 서단에서 유행하는 서체와는 무관하며, 오로지 고전을 익히고 자신만의 독특한 서체를 만들었다. 그 결과 독특한 행서를 쓴 분이다. 해서를 많이 쓰다 보니 자연스럽게 나온 결과로 어느 누구도 따르지 못한 필적이라고 했다. 〈증우삼구도〉에서 행서의 뛰어남을 엿볼 수 있다고 한다.

대표작으로 전문 5,000자가 넘는 《금강경》이 있다. 대승경전으로 《반야심경》과 우리나라, 중국, 일본에서 쓰이는 대승불교의 경전인 셈이다. 그분은 이 중요한 경전을 70×137㎝의 전지 153장에 하나의 작품을 고른 글씨로 연속해서 쉼 없이 썼다고 한다. 이는 강인한 체력과 필력, 그리고 자신감이 만든 작품이라고 할 수 있다.

행서체의 《반야심경》도 반절의 화선지 한 열에 네 자씩 쓴 작품은 무려 9m가 넘는다. 이를 보는 이들은 추사의 글씨라고 말한다. 소지도인은 추사를 뛰어넘겠다거나 누구보다 글씨를 더 잘 쓰겠다고 한 서예가가 아니다. 그냥 글씨를 즐겨 유어예遊於藝할 뿐이었다고 했다.

내가 소지도인 선생을 안 것은 몇 년 되지 않았다. 신중한 심성의 소유자인 그분의 자제분 덕분이다. 직장의 오랜 동료이자 지금은 산행을 함께하는 사우의 부친이시다. 그분의 100세 기념 전시회에서 처음 그분의 글씨를 만났다.

103세까지 사신 그분은 85년이란 긴 세월을 서예에 정진하셨다. 중국이나 한국 서예계의 마지막 세대라고 할 수 있다. 그리고 정통 서예의 맥을 이어온 유일한 독보적인 존재이기에 이런 사상과 서예의 큰 탑으로 남아있다. 40여 년 전 미국으로 건너간 이후로는 자기만의 고유 서체를 구사하는 서예신의 경지에 올랐다고 볼 수 있다. 진정으로 소지도인은 추사를 넘어선 서예의 정점이라는 생각이 든다.

명예

수필이 뭔지도 모르고, 아는 사람 하나 없는 수필 강의실에 성큼 들어간 날이 생각난다. 지금 생각하면 무모하기 짝이 없는 일이었다. 동 자치센터에 영어 수강신청을 하러 갔다가 사무실 책장에 꽂힌 수필집이 눈에 들어왔던 날이었다. 사무장님께 한 권을 줄 수 있느냐고 물었더니 냉큼 꺼내 주었다. 몇 년 전의 일이다.

그래도 책은 종종 손에 쥐고 있던 터이지만, 수필에 대해 아는 거라곤 전무상태였다. 글을 쓴다는 건 상상도 해보지 않았던 터에 모르면 용감하다고 개선장군처럼 뚜벅뚜벅 강의실 문을 노크하고 들어섰다. 그것도 하필이면 수업 중에 들어간 것이다. 강사님과 문우님들의 과분한 환영에 나는 얼굴이 붉어지고 말았다.

이렇다 할 일 없이 2년이란 세월이 흘렀다. 시간이 지날수록 자신은 점점 쪼그라지고 쉽게 여겼던 수필의 벽은 점점 높아만 갔다. 심심풀이로 해보려던 수필쓰기가 나를 휘감고 옴짝 못하게 잡아매는 지경에 이르고 말았다.

그런데 아들네가 손자들을 돌봐 달라는 바람에 수필을 손놓고 또 2년이 그렇게 흘렀다. 이제는 혼동이 되고 문학이 아스라이 멀리 가있는 것이 되었다. 다시 겨울이 오면서 집으로 돌아왔다. 한데 코로나19가 또 발목을 잡았다. 집에 갇히니 이 또한 할 일이 없었다. 좋아하던 등산도 갈 수 없는 신세가 되니 할 수 있는 것이라곤 혼자서 노는 일이 전부였다. 취미가 많지 않은 나로서는 놀거리가 신통치 않았다. 한참 만에 떠오른 것이 가슴에서 멀어진 수필을 끌어당겨보는 것이었다. 작년에 우리 수필반원 중 한 분이 《수필과비평》지를 통해 등단했다는 소식을 한참 지난 뒤에 알게 되었다.

몇 분 선생님들의 등단에 도전해보라는 권유도 받았다. 말도 되는지 모르는 수필 몇 편을 썼다. 그리고 망설이다가 강사님한테 글을 내보고 싶다고 했더니 기꺼이 손을 봐 주시겠다고 하셨다. 작품성이 있는지도 의심하며 3편을 골라 보냈다. 강사님의 손을 거치니 엉성했던 내 글은 기계를 통과한 가래떡처럼 매끈하게 보기 좋은 몸매로 변신했다. 당선감이 충분히 될 수 있는 글이라고 하시면서 권유하시기에, 잘될까 걱정 반 의심 반으로 응모하게 되었다.

당선 소식이 왔다. 기쁨보다는 깜짝 놀랐다는 표현이 맞을 것 같다. 걱정이 섬광처럼 머리에 스쳤다. 실은 글을 제대로 쓸 줄도 모르는데….

내 자신이 보이지 않는 제도권에 묶이게 되었다는 생각에 정신이 번쩍 들었다. 원래 어디에도 얽매이기를 싫어하는 성격이지만 이제는 아무렇게나 살 수는 없는 일이 아닌가. 초년생 무명 수필가이긴 하지만 이대로 먼 산만 바라보고 있을 수는 없지 않은가. 그렇다. 이름값이란 말이 떠올랐다. 명예란 말도 떠올랐다.

명예란 것은 스스로 주어지는 것이 아니다. 적어도 다른 사람이 그렇다고 인정해줘야만 가능한 일이다. 수필가란 이름도 남이 인정해줘야 되는 것이다. 명예라는 것은 더욱 그렇다.

명예란 드러나는 명성과는 많이 다른 속성이다. 명성이 단순히 널리 알려진 유명함이라면 명예는 가치를 존중하는 유명함이다. 명예의 가치는 무엇인가? 바른 마음, 착한 심성을 가지고 타인을 배려하고, 세상에 도움이 되는 것이다. 양심에 바탕을 둔 명성이다.

우리가 평생을 살면서 필요한 것, 간절한 것은 무엇일까? 내 생각은 건강과 돈 그리고 사랑과 명예가 아닐까. 거기에 하나 더한다면 어디든 함께 떠날 수 있는 친구 정도다. 보통 사람들은 부富나 사랑만으로 삶을 만족해 한다. 좀더 나아간다면 권력이 첨가될 수 있다.

명예는 우연히 얻어지는 게 아니다. 욕심을 낸다고 찾아오는 것도 아니기 때문에 그만큼 얻기가 힘들다. 그러나 지키기는 더더욱 어려운 것이 아닌가. 명예에는 아래 단계가 끼어들면 흐려지고 손상을 입기가 십상이다.

나는 조용히 눈을 감고 생각을 해본다. 초보 걸음마를 시작한 수필가이지만 이왕 내디딘 발걸음이니 최소한의 수필가로서 존립하기를 소원한다. 그래서 돈, 사랑 그리고 권력 등은 버리든지 최소화해야 명예로운 삶이 될 수 있지 않을까 생각한다. 이생에서의 삶은 물론이고 이생을 떠나도 살아서 힘을 발휘하고 영향을 행사하는 것이 명예라면, 명예는 마치 향기 나는 꽃과 같다. 믿음이 성화聖化되었을 때 예수향기가 풍긴다고 하듯, 향기는 형태도 없지만 존재감은 뚜렷하여 오래도록 지속된다.

작은 것으로라도 명예를 얻었다고 생각하는가? 그렇다면 그 나머지 것들은 과감하게 버려야겠다. 그래야만 명예가 온전히 지속될 것이기 때문이다. 설익은 수필작품이지만 그 속에 타인을 배려하고, 하늘 우러러 한 점 부끄럼 없는 그런 글을 쓰리라.

실패, 성공의 길이 아니어도

"노안이라니요?" 어느 날 아침 눈을 떠보니 유명한 존재가 되어 있더라는 시인 바이런의 행운까지는 바라지도 않았는데. 어느 날 아침 눈을 떠보니 '내가 늙었다.'라니…. 그때서야 제 처지를 바로 보게 되었어요. 소설가가 되려다가 좋은 시절 흘려보내고 노년의 문턱에 들어선 실패자!

《아이슬란드가 아니었다면》이라는 책에서 공사판, 식당, 과수원에서 일하며 신춘문예에 매달린 지 30년 됐다는 작가의 문장을 읽었을 때, 마음이 울렁거렸다. 저자는 펜을 꺾고 배낭을 멘 채 아이슬란드로 여행을 떠났다. 그곳이 실패를 찬양하는 나라였기 때문이었다. 실패를 찬양하다니? 저자는 이해하기 힘든 말이라고 했다. 우리는 보통 실패를 애기할 때 실패는 성공의 발판이라고 한다. 실패 없는 성공보다 더 값진 성공이라고. 실패를 두려워하지 않는 점이 성공한 사람의 특징이라고 말한다. 하지만 실패한 사람의 글이나 강연을 읽거나 들을 기회가 없기에 알 수가 없다. 실패한 사람들은 그 자체로 증발되고 마니까.

그녀는 삼십 년 간 신춘문예에 매달리면서 소설가로 등단을 꿈꿔왔다. 하지만 낙타가 바늘구멍을 통과하는 만큼이나 어려웠다. 게다가 나이가 드니 노안으로 돋보기를 코에 걸고 인생이 실패라고 좌절했다.

오십이 넘어 아이슬란드로 3백만 원 들고 떠난 고생의 여정이 눈물겹다. 더구나 2백만 원이나 남겼다니 그녀의 고생의 여정이 가히 짐작이 된다. 수많은 차를 얻어 타고 하루 수백 ㎞를 이동하며 세계에서 작가와 음악가의 비율이 가장 높은 아이슬란드에서 그녀가 남긴 말이 "아니, 뭐가 되고 못 되었다는 게 어떻게 우리의 결말일 수 있겠어요?"였다. 실패를 찬양하는 나라였기에 그런 것이 가능했으리라. 불이 솟아오르고 땅이 흔들리는 것을 보며 사는 아이슬란드 사람들에게서 '지금'이 중요하다는 것을 배우고 돌아왔다는 것이다.

실패는 성공에 이르는 경로가 아니라 실패 그 자체를 포용할 때, 인간은 행복을 발견한다. 저자가 아무것도 되지 않은 채 사는 삶이 주는 자유로움을 느낀다는 말은 그렇게 이해해야 마땅하다. 실패가 성공이 될 수는 없지만 성장이 될 수는 있다. 잃을 게 없는 사람의 홀가분함은 바람 같을지 모른다. 역설적이게도 바로 그곳에서 다시 시작할 수 있으니까.

나는 요즈음 눈이 극도로 피곤하다. 짓무르고 충혈이 된다. 잠시만 책을 읽어도, 컴퓨터를 봐도 금방 글자가 뿌옇게 퍼지는 장님이 되었다. 안과를 찾아갔다. 노안이 심하단다. 백내장도 반은 진행된 상태라고 한다. 이제는 호전될 가망이 없으니 조금씩 조심하고 쉬란다. 그리고 불원간 백내장 수술을 받으란다. 좀더 기다려보고 결정하겠다고 말하고 안과를 나왔다.

참 난감했다. 눈이 안 보이면 어쩌란 말인가. 소설은 고사하고 아직 수필조차도 뭔지 모르고 허우적거리고 있는데, 실명이 될지도 모른다는 생각에 미치고 보니 아버지가 지금의 내 나이 때 시력이 극도로 나빠지셨던 생각이 떠올랐다. 녹내장으로 몇 년 고생하시다 돌아가셨다.

시간만 보내다 눈에 이런 문제가 생긴 건 순전히 나의 게으름과 무지의 결과라고 단정했다. 글을 써보겠다는 정초의 작심은 어디에 버리고 나태하게 흐느적거리다가 세월만 보내고 준비도 안하는 나야말로 게으른 실패자의 전형인 듯하다.

눈만 침침한 게 아니다. 툭하면 귓속에서 귀뚜라미가 주책없이 울어댄다. 말도 어눌하여 말이 줄줄 새는 형국이다. 방금 들은 얘기도 돌아서면 함흥차사다. 이를 두고 혹자들은 나이 들면 좋은 것만 보고, 좋은 말만 듣고, 말도 적게 하고, 나쁜 기억은 잊으란다. 하나 이는 늙음에 대한 항변이요, 변명에 지나지 않는다. 게다가 몸의 이곳저곳이 고장 나면 의욕은 위축되고 자꾸 뒤로 물러서고 싶어진다.

가는 시간을 붙잡을 수 있는가. 그러니 그 위에 타고 가는 수밖에 없지 않은가? 이왕이면 즐겁게 나갈 일이다. 시도도 안 했는데 실패라니 말도 안 되는 소리다.

그녀, 소설가의 30년은 나에게는 너무 길다. 그 방황한 시간의 반의반이 남아 있는 반환점으로 잡아보자. 이제라도 늦기 전에 올라가 보자. 설령 실패로 끝나고 말지라도 소설이라는 이름은 하나 남겨 봐야 되지 않겠는가.

유가사

유가사는 대구시 달성군 유가면 양리에 소재하고 있는 사찰이다. 비파와 거문고의 합주가 항상 들린다는 비슬산琵瑟山 깊은 곳에 호젓이 자리 잡고 있다. 827년(신라 흥덕왕 2년) 창건한 이후 수차례 중건하였다고 들었다. 지방문화재로도 등재되지 못한 산사에 불과하다. 그러나 이곳에는 진정한 의미의 '건축'이 남아 있다. 자연과 건축의 관계를 맺어주는 본질적인 전통이 살아있고 무상한 공간들에서 존재의 진정한 의미를 찾는 선禪의 정신이 숨 쉬고 있다.

유가사의 건축적 비경은 입구에서부터 나타난다. 잘 정비된 비슬산 등산로 어귀에서 숲속으로 이어지는 오솔길이 바로 유가사의 시작이다. 오솔길 바닥은 큰 바위들로 이루어졌다. 이 바닥 돌은 오랜 세월 동안 수많은 발길에 닳아서 반들반들하다. 오솔길의 폭은 그다지 넓지 않지만 울창한 나무들이 드리우는 그늘로 가득 채워져 있다. 은은한 햇빛이 나무들 사이로 내려와 바닥 돌 위에 부딪쳐 솟아오르는 절묘한 분위기를 연출했다. 유가사뿐 아니라 대부분 산사들의 진입로 분위기도 크게 다르지는 않을 것이다.

그런데 최근에 교통수단이 좋아지고 힘들게 걷기를 싫어하는 현대인들을 배려하여 숲길을 깎아 자동차 길을 만들었다. 정감 어린 진입로 오솔길이 자동차 길로 탈바꿈하여 정겨운 길이 사라져 버렸다. 물론 유기사도 마찬가지였다.

그러나 원래의 진입로를 피해 멀리 우회하여 방문객들은 이 신비로운 오솔길을 걸어서 오를 수도 있다. 오솔길을 따라 걸으면 천왕문을 지나 경내로 들어가는 진입 축방향이 된다. 누각의 옆면을 끼고 마당의 서쪽 모서리를 타고 진입하면 대웅전과 나한전 사이의 빈 공간이 나타난다. 이 공간은 시선을 뒷산으로 유도한다. 이러한 구성은 이 절의 본래의 배치 정신을 암시한다. 극히 인위적으로 구성된 중정을 옆으로 비켜 놓아 자연을 정점으로 설정함으로써, 인공보다 우선하는 대자연을 사찰 건축의 주인공으로 부각시키고 있다.

일반적으로 사찰 건축에서는 건축물을 중심으로 전체를 배치하고 자연을 배경으로 설정한다. 그러나 유가사 건축에서는 자연이 배경이라기보다는 그 자체가 건축의 중심이다. 더 나가서 본다면, 유가사의 인공적인 건축물들은 비슬산의 대자연을 효과적으로 부각시키기 위한 수단이다. 자연 속에다 사찰을 담았다고나 할까?

이러한 개념은 중심점에만 적용되는 것이 아니다. 더욱 주목할 것은 대웅전의 서쪽에 위치한 나한전, 용화전, 산신각으로 연결되는 건물들 사이의 관계이다. 경내로 진입한 다음의 시선은 자연스럽게 대웅전, 나한전, 용화전, 산신각 순으로 따라간다. 동선 역시 그것들을 따라가도록 배치되었다. 이 자연스러운 움직임은 치밀한 건축적 조작을 통해서만 얻어질 수 있다.

첫째로 건물의 규모가 순서대로 작아지도록 점감적인 순열을 취하고 있다. 3×3칸의 대웅전, 3×2칸의 나한전, 1×1칸의 용화전, 1×0.5칸의 산신각의 순서다. 원근법에 따라 멀리 있는 전각일수록 작게 보이는 것이 사람의 시각이지만, 유기사의 4개 동 전각들은 급격하게 줄어드는 규모들로 배열함으로써 투시도적인 감각 효과를 극대화하고 있다.

둘째로 나한전, 용화전, 산신각이 서로 삼각형의 꼭짓점에 지그

재그형으로 배열함으로써 전각들 간의 입체적인 율동감을 충분히 강조하고 있다. 진입축을 따라 대웅전과 나한전 사이로 진입하면 곧바로 나한전의 전면을 타고 용화전으로 시선과 동선이 흐르게 된다. 용화전 앞에 서면 저만치 작은 산신각이 산을 등지고 점과 같이 자리잡고 있다. 웅대한 산 앞의 작은 산신각은 마치 존재하지 않는 듯 보인다. 인공에서 자연으로 환원되는 듯한 극치의 효과를 내고 있다. 이렇게 건축 구조물들은 서서히 자연 속으로 빨려들어가는 듯했다.

마지막으로 네 개의 전각들은 모두 다른 방향으로 내려앉아, 한 건물에서 다른 쪽 건물을 볼 때, 모퉁이 부분을 바라보게 된다. 평면적인 배치도에서는 무질서하게 배열된 것처럼 보인다. 하지만 실제 동선상에서는 모든 건물들이 입체적인 모습으로 보인다. 작은 건물들임에도 불구하고 초라하지 않고 아주 역동적인 관계를 형성하고 있다.

유가사는 큰 절은 아니다. 특출한 문화유산이 있는 곳도 아니다. 그러나 보석은 작아서 빛나고 선禪한 마음은 평범해서 소중하다. 유가사의 전각들은 자연 속에 보석처럼 박혀 있다. 천지조화天地造化를 이루고 있다.

선禪이란 무엇인가? 부처의 마음이라고 했다. 부처의 말씀은

교敎가 되어 문자와 논리가 되었다. 마음은 선이 되어 논리를 초월한 곳에서 전해졌다고 한다. 유가사 건축을 논리와 이론으로 설명하는 것은 쉬운 일일 수도 있다. 그러나 논리, 분석, 말을 접고 일단 느낌과 마음을 열어 보자. 그러면 조금씩 보이지 않겠는가?

골프 철학

첫눈이 내렸다. 첫눈치곤 제법 많은 양이다. 거의 가지 않던 천호지로 발길을 옮겼다. 날씨는 포근하고 싸락눈이 패딩의 앞가슴을 치고는 떨어졌다.

몇 년 전 빙판길에 미끄러져 팔목을 다쳤다. 아직도 후유증을 겪고 있다. 오늘 무심코 오른발을 내딛는 순간 데크에서 철판 조인트 위를 밟고 미끄러질 뻔했다. 그래도 순발력은 아직 살아 있나보다. 얼른 왼발로 균형을 잡고 바로 설 수 있었다. 나도 모르게 휴우- 긴 안도의 한숨이 나왔다. 옆에 동행하신 분도 놀라 넘어지려는 나를 부축했다.

함께 탁구를 즐기던 동아리들과의 산책이었다. 함께 걷다가 커피숍에 들러 지난 이야기를 하던 중 화재가 골프 이야기로 바뀌게 되었다.

오늘 같이 흰 눈 내리던 어느 겨울날이었다. 예약된 골프장으로 차를 몰고 집을 나섰다. 휴일 아침이라 도로는 한산했다. 빙판길이었지만 4륜구동 차량의 잠금을 풀고 운행하니 안전하게 진행할 수 있었다.

도심을 지날 때였다. 출근길인 역방향은 정체가 심했다. 그때는 핸드폰도 없고 연락할 방법도 없어 티업 시간에 맞춰 도착하니 일행은 아직 오지 않았다. 골프 코스도 눈이 많이 쌓여 임시휴장을 했단다. 되돌아오는 곳곳에서 사고로 길이 막혀 지름길로 우회했다.

그렇듯 나의 골프는 내세울 만한 것이 못 된다. 지난주에 있었던 LPGA 투어 여자US오픈에서 우승한 김아림 선수를 생각했다. 그녀는 한국 투어에서 겨우 2승의 전력으로 처녀 출전한 대회였다. 그런데도 가장 큰 메이저 대회인 여자US오픈에서 역전 우승을 했다. 국민 모두가 열띤 박수를 보낼 일이 아닌가. 어쩌면 코로나19의 난국에 일루의 희망을 던져준 쾌거가 아닐 수 없다. 1998년 여자US오픈에서 박세리 선수의 역전우승 감동 그 이상이었다. 박 선수는 물가에 박힌 공을 맨발로 호수에 들어가 쳐낸 우승이어서 더 감동이었던 것이다. 이를 국민들은 맨발의 투혼이라고 기억한다. IMF로 힘들던 시기와 코로나19로 국민들이 겪는 고통이 닮은 꼴이라 더욱 값지게 느껴진다.

장타의 초超격차를 선언하며 우락부락하게 변신한 선수가 있었다. 올해 US오픈에서 우승한 브라이슨 디섐보이다. 그 우승 이후 골프 이슈가 모두 블랙홀로 빨려들어가는 듯했다. 이제 벌크업과 장타는 골프의 문을 여는 단 하나의 열쇠처럼 보일 정도이다. 드라이버 길이를 몇 인치 더 늘릴 것인가, 근육을 얼마나 더 불릴 것인가, 단백질 셰이크를 몇 잔까지 마실 것인가와 같은 얘기들이 골프 미디어를 도배했다. 대세이자 신드롬이었다.

하지만 올해 내가 인상 깊게 본 골프 경기는 디섐보가 주인공이 아니다. 올해 63세 독일 골퍼 베른 하르트 랑거가 주연이고, 디섐보는 조연이었다. 랑거는 한 달 전 마스터스에서 이 대회 역대 최고령 컷 통과 기록을 20년 만에 다시 썼다. 400야드 장타로 마스터스를 초토화할 작정이라던 디섐보는 뜻밖에도 현기증으로 가까스로 컷을 통과했다. 그리하여 비거리 1위 디섐보와 꼴찌 랑거가 최종 라운드 같은 조에서 만나게 되었다.

둘은 다윗과 골리앗만큼이나 강렬한 대비를 이루었다. 나이는 36살, 몸무게는 36㎏ 차이, 드라이브샷 거리는 홀마다 평균 60야드쯤 벌어졌다. 결과는 랑거가 71타로 종합 29위, 73타를 친 디섐보는 34위를 차지했다. 디섐보는 350야드 파4홀인 3번 홀에서 드라이버로 328m를 날려 곧장 온 그린 했으나 20m 거리에서 세 번 퍼트로 아쉬운 파를 기록한 반면 랑거는 우드로 220m를 보낸 뒤 세컨샷을 그린에 올려 짧은 버디 퍼트를 성공시켰다. 그는 거리는 분리했지만 정확성과 치밀한 전략으로 응수했다. 그린을 놓치더라도 칩샷하기 좋은 곳으로 공을 보내 스코어를 지킨 반면, 디섐보는 실수가 잦았다.

1985년과 1993년 마스터스 챔피언인 랑거는 "매년 이 대회에 나올 때마다 젊은 선수들의 장타를 바라보며 더 늙는 기분"이라고 말했다. 오르막 코스가 많아 무릎이 아프고, 코스가 점점 길어지니 긴 클럽을 자주 쓰는 플레이가 재미없다고 했다.

디섐보를 구경하느라 경기도중 넋을 놓기도 했다. 하지만 디섐보 역시 랑거를 관찰하다 충격을 받은 듯했다. 랑거는 어떤 상황에서도 포기하지 않고 견뎌내더라. 아이언은 너무 뛰어나서 믿어지지 않을 정도였다. 내가 바로 옆에서 장타를 날렸는데도 랑거가 더 잘했으니, 어떤 방법으로든 성적을 낼 수 있다는 게 골프의 매력이다.

1980년대 세계 랭킹 1위에 올랐던 랑거는 최근까지도 스트레칭과 체력 운동에 전념하면서 미 PGA 시니어 투어를 평정해 왔다.

그는 골프뿐 아니라 일상의 사소한 일조차도 그의 모두를 쏟아붓는다는 것이다. '어떻게' 하면 샷 거리를 최대한 늘려 더 쉽고 유리하게 이길 수밖에 없는 압도적인 골프를 할 것인가. 온통 관심이 쏠릴 때도 랑거는 자신이 평생 해온 골프를 군더더기 없이 보여줬다. 할 수 없는 일에 조바심치지 않고, 할 수 있는 일에 전력을 다하며, 그 다음은 어쩔 수 없다고 편하게 넘길 일이다.

동반한 다른 골퍼는 자기 같으면 짧은 비거리로 몇 타나 칠지, 랑거는 체계적으로 플롯을 짜고 필요할 때 타수를 지켜내는 방식이 진짜 멋있다고 극찬을 했다. 골프에서 63살의 골프 시니어 랑거는 인생으로 비유하면 80대 황혼기에 해당한다.

다가오는 나의 황혼기는 랑거가 골프에 쏟는 관심만큼 글쓰기에 온 정성을 쏟아야지 하는 생각을 해 본다. 골프든 수필이든 마지막까지 자기 일에 충실하고 최선을 다하는 것이 최고의 인생이 아니겠는가.

제5부 산의 정기

부처님 오신 날의 산행
겨울의 인수봉
우이령에 서서
정월 대보름의 한라산
푸른 호수
뱀골 철쭉
꽃 산행
설악산 만경대
무릉도원 가는 길
숨은 벽

부처님 오신 날의 산행

사월 초파일, 부처님 오신 날. Rose Day와도 겹쳐 의미가 더한 날이다. 산우회 회장을 맡고 있는 평산平山을 비롯한 6명이 산행을 위해 지하철 3호선 불광역에서 만났다. 커피숍에서 커피를 마시며 오랜만에 만나 밀린 얘기도 나누었다. 중산은 절에 간다며 먼저 떠나고, 남은 일행은 버스로 산목련과 산라일락을 기대하며 밤골 입구로 이동했다. 버스가 지나가는 길가에는 북한산 자락의 산사로 기도와 공양을 드리러 가는 수많은 보살님이 늘어서 있었다. 그들을 실어 나르는 셔틀버스들과 뒤엉켜 북적였다. 우리가 탄 버스도 예외 없이 많은 인파로 빽빽했다.

2560년 전 석가모니께서 이 땅에 오신 날이다. 석가모니의 본명은 고타마 싯다르타이다. 우리나라에서는 예로부터 부처님이라고 불러왔다.

나는 불자는 아니지만 산행을 하다가 절을 만나면 부처님의 윤회설輪回說를 생각하게 된다. 석가모니는 생전에 부처가 되기 위한 수행과 공덕을 쌓다가 슈도다나(정반)왕과 마야부인을 부모로 하여 이승에 태어났다. 그는 전통적인 바라문 교육을 받고 29세에 세상의 무상無常을 느껴 출가하였다. 그 후 6년간의 고행 끝에 마침내 보리수나무 아래에서 도道를 깨닫고 부처가 되었다. 깨달음을 얻은 석가모니는 녹야원이라는 동산에서 다섯 명의 비구 수행자들에게 최초의 가르침을 주었다. 그 내용은 어느 곳에도 치우치지 않는 중도의 길이었다, 세상 고통의 원인인 집착과 탐심, 이를 벗어난 평화, 그리고 도에 이르는 방법에 관한 것 등이었다. 중부 인도 각지를 다니며 45년간의 세월에 걸쳐 설법, 교화를 계속하였다. 석가모니는 마침내 80세에 이르러 쿠시나가라의 숲에서 열반하였다. 모든 절에는 대웅전大雄殿, 대웅보전大雄寶殿이 있다. 이곳이 바로 부처님을 모시는 전각이다.

밤골 입구에 접어들자 사방이 조용했다. 절이 없기 때문일 게다. 등산객도 거의 보이지 않고 고즈넉했다. 북한산에 유일하게 남아 있는 굿당인 국사당도 문을 닫고 조용했다. 굿은 하지 않고 무당들도 불공을 드리러 간 모양이었다.

우리는 본격적으로 속도를 내서 걷기 시작했다. 10여 분 정도 지나니 더운 날씨 탓에 온몸이 땀으로 젖어 들었다. 각시폭포를 거쳐 신랑폭포 아래 산라일락 농밀한 향기를 맡으며 포석정같이 흐르는 시원한 물에 발을 담갔다. 온몸의 땀이 쏙 들어갔다. 각자 가지고 온 음식과 음료로 허기를 달래며 담소를 나누었다.

계산이 늦게야 얻은 손자를 돌본다는 말에 여러 가지 재미있는 얘기들이 오고 갔다. 우리의 얘기는 늘 그렇게 재치 넘치고 흥미로운 토론으로 이어졌다. "며느리 얻는 날부터 경을 치는 날이다. 손자 보는 날이 오라줄 매는 날이다."로 시작되었다. '경'은 묵형할 경黥자이다. 죄인의 몸에 새겨 넣는 문신을 뜻한다. 즉 형벌을 받는다는 의미였다. 아무려면 며느리 얻는 날이 경치는 날이라니, 우스갯소리치고는 좀 그렇다. '오랏줄 매다' 역시 '오라지다'가 원래 말로 '죄인의 손을 오라로 묶어 뒷짐을 지다.'의 뜻이란다. 어린 손자를 업어 주고 고생하는 조부모祖父母의 고생을 빗댄 표현이다. 며느리가 예쁘고 손자 손녀가 귀엽고 예뻐서 고생하며 길러주지만 그 공을 몰라주는 세태에 대한 풍자인 듯하다.

그렇게 한참을 웃고 나서 산목련을 찾아 깊은 곳으로 걸어들어갔다. 몇 고비 고개를 넘어서니 멀리서 산목련이 활짝 웃으며 우리를 반기고 있었다. 늘어진 가지의 끝자락에 매달려 피어 있는 새하얀 꽃송이는 흐르는 물 위에 떠있는 듯했다. 바람 따라 물을 튕기며 너울너울 춤을 추는 모습이 흰 고깔 쓴 승녀를 떠올리게 하였다. 곱게 핀 순백의 꽃잎이 노란색 암술과 빨간색 수술을 살포시 가슴에 안고 웃는 모습은 마치 염화시중拈花示衆의 미소 같아 보였다. 산목련의 저편에는 자기도 보아 달라는 듯 또 다른 산라일락이 그윽한 향기를 내뿜고 있었다. 예년 같으면 아직 산목련과 산라일락이 피기는 이른 때인데 올해는 일찍 더워진 날씨 탓에 일주일이나 먼저 피어 미소를 짓고 있었다.

중산은 미소 짓는 부처님 앞에 엎드려 백팔배를 올렸을 것이다. 다른 산우님들도 염화시중의 미소를 떠올리며 합장하고 산목련 미소 앞에서 모두의 안녕을 비는 마음이었으리라, 내가 그랬으니까.

겨울의 인수봉

지난주 중국 쿤밍을 다녀왔다. 나들이의 후유증은 끈덕졌다.

새벽 1시경 집에 도착하여 샤워를 하는 둥 마는 둥 하고 곯아떨어졌다. 다음날 아침 지친 몸을 일으켜보니 해가 중천이었다. 그런데 찬 기운이 온몸에 돌고 코에서 액체가 주르르 흐르는 게 아닌가. 피로가 쌓여 코피가 나는가 싶었다. 본능적으로 손을 들어 코를 닦았다. 맑은 콧물이었다. 그런데 발코니 안쪽 문이 조금 열려 있지 않은가. 꽃을 사랑하는 아내는 발코니 출입문을 아침마다 열어 놓는다. 꽃을 배려한 환기가 남편을 감기로 내몬 결과가 되고 만 셈이었다.

다음날 아침 시청에서 일을 보고 나온 김에 아내와 신정호를 한 바퀴 돌았다. 걷는 동안에도 마스크 속에서 콧물은 계속 흘렀다.

돌아오는 길에 점심도 먹고 화원에 들러서 조그만 화분 몇 개도 샀다. 자고 일어나면 낫겠지 하며 밤을 맞았다. 이튿날도 콧물은 계속 휴지를 찾으며 성화를 부렸다. 원래 병원 가기를 싫어해서 참고 견뎌보려는 게 탈이었다. 침대에 눕자 이제는 기침까지 가세했다.

금요일 아침에 일어나니 좀 나은 듯했다. 여행 후담도 나눌 겸 한 친구님과 현충사 걷기에 나섰다. 냉기가 코끝에 스치자 마스크 속에서 또 콧물이 주르르 흘러내렸다.

이렇게 시작된 고뿔은 점점 골수로 파고들었다. 애들은 아프면서 성장한다는데, 나이 들어 아프니 팍팍 늙어가는 것만 같았다. 할 수 없이 아내의 성화를 못 이기는 척 병원에 가서 알부민 한 병을 맞았다. 병 주고 약 준다더니 아내는 로열젤리며, 대추, 배와 무 등을 넣고 달인 물을 대령했다. 얼큰한 콩나물 국물까지 마시고 침대 바닥의 온도를 높이고 하루 종일 낮잠을 잤다. 그 통에 산우회 회장을 뽑는 송년회 모임에도 불참했다.

일요일 아침이었다. 기분은 상쾌한데 힘은 조금도 남아있질 않았다. 오후 늦게 한 산우님으로부터 전화가 왔다. 월요일에 북한산 속을 뒤져 보자는 것이 아닌가. 난 도저히 그럴 기력이 없는 상태인지라 못 간다고 말할 것을 그만 '좋다'고 동의해버렸다. 반쯤은 산에 미치지 않고서야 이럴 수가 있을까 하고 의아한 생각까지 스스로 들었다.

청명한 아침 새벽에 여명을 앞세우고 문을 나섰다. 아내의 애걸하는 만류를 뒤로한 채, 전철 시간을 체크하며 약속 장소로 내달은 것이다.

일행들과 만나 산을 오르기 시작한 것은 오전 10시가 조금 지나서였다. 나는 마스크에 겹겹의 옷으로 무장했지만, 하얀 눈이 덮인 산을 올려보며 아이젠을 챙기지 못한 것이 뒤늦게 생각났다. 건장한 청년 같은 친구님들과 합세하여 환담을 하며 비탈길을 올랐다. 나는 헉헉거리며 네발로 기어오르기 시작했다. 온힘을 다해 일행들을 따라가려 했지만, 다리에 힘이 풀려 주저앉고 말았다. 앞서 가던 친구들이 기다리다 못해 되짚어 내려왔다. 초콜릿을 건네며 당 조절을 하라고 채근했다. 한참을 나무둥치에 기대고 앉아 한숨을 돌리니 좀 안정이 되었다.

친한 친구 한 명이면 족하다는데, 난 친구 복이 아주 많은 편인가 보다. 오래전 산행 중 잇몸이 얼어붙은 적도 있었는데, 손수 목도리를 벗어 둘둘 감아주던 동기간 같은 친구들이 아니던가.

가파른 언덕길은 서릿발이 앞을 막고, 곳곳에 얼음마저 숨어 있었다. 콧물은 계속 마스크 속으로 흐르고, 안경엔 입김이 서려

발을 헛디디기 일쑤였다. 드디어 1차 포토 포인트에 안착했다. 날씨는 환상적이었다. 초미세먼지는 매우 나쁨 단계라는데 촬영 경쟁이 시작되었다. 어느새 염초봉과 인수봉은 설산으로 변모해 있었다. 쿤밍의 옥룡설산을 다녀온 사이에 딴 모습으로 변장한 것이다.

엉금엉금 기어가다가 걷다가 하며 2차 포인트에 당도했다. 그런데 눈이 번쩍 뜨였다. 웅장한 조각품이 당당하게 눈앞에 서있는 게 아닌가. 이게 뭐지? 인수봉은 맞는데 웬 웅덩이가 생겼지? 눈이 덮이지 않으면 보이지 않는 것인데, 산도 우리를 홀리고 있는지 눈을 비비며 다시 쳐다보았다. 눈雪의 위력이 이러한가? 때 아닌 동양화의 한 장면이 눈앞에 전개되고 있었다.

몇 컷의 시진을 찍고 오르기를 계속했다. 북측 벽 뒤를 돌아야 하는데 아뿔싸, 얼음판 길이 앞을 막는다. 아이젠도 없는 상황에서 무리할 수가 없었다. 겨울산은 서둘러 장막을 내리기 때문에 욕심을 낼 수도 없었다. 아쉽게도 발길을 돌려야만 했다. 늦은 점심 겸 저녁을 먹을 때의 날씨는 옥룡설산의 날씨와 비슷했다.

인수봉의 겨울산은 잔혹했다. 길조차 열어주지 않으니 말이다. 신神이 그러하시듯 산님도 쉽게 허락을 하지 않았다. 입구부터 원천 봉쇄해버리다니…. 그렇지만 우리는 인수봉 뒤통수를 눈 위에서 두 눈으로 똑똑히 보았다. 염초봉의 위용도, 숨은 벽의 웅장함도 모두 평정한 설화雪畵 속의 인수봉 자태가 비범하기만 했다. 왜 이제야 이걸 보게 되나! 친구님들과 나는 속진의 눈을 의심했다. 사진 속에서 그 진면목을 실감하고 우리는 또 한 번 탄성을 지를 게다. 포효하는 바다사자처럼 괴성을 지르는 인수봉의 위용은 우리를 보고 호령하는지, 하늘을 향해 외쳐대는지, 스스로 조각조각 허공으로 터져 나갔다.

아, 겨울의 인수봉!

우이령에 서서

가을 하늘은 참 아름답다. 코로나19가 사람들을 집에 가둬두고 있는 사이 바깥의 하늘은 더욱 높아졌다. 하늘에 흩뿌려 놓은 구름은 수많은 새들의 군상 같다. 하나님의 조화가 신비롭다는 걸 새삼 실감한다.

가을 산은 또 어떤가? 눈이 부시도록 현란하며 때로는 불 지른 듯 황홀하다. 참을 수가 없어 마스크로 무장하고 손소독제도 챙겨들고 집을 나섰다. 한번도 경험한 적 없는 바이러스 팬데믹 상황으로 사람들은 서로서로 경계의 눈초리로 곁눈질을 하며 지나간다. 언제 어디서 바이러스의 공격을 받을지 몰라 바짝 긴장하여 웅크리게 된다. 나 자신을 틀어쥐고 살아가는 것이 일상이 되어버렸다. 그러나 오늘은 용기를 내어보리라.

우리 OB산우회는 조직된 지 20년이 넘어 사람으로 치면 성년이 되었고 따라서 회원들의 나이도 70대의 허리에 와 있다. 그럼에도 우이령을 넘게 되었다. 코로나19 와중에도 산길은 단풍객들로 붐볐다. 단풍의 물결보다 행랑객들의 화려한 옷이 더 단풍다워 보이기도 했다.

우이령은 여러 차례 넘었던 고개이기도 하다. 봄, 여름, 가을 그리고 엄동설한에도 넘었던 기억이 있다. 그 기억들 덕에 내 마음은 '오늘은 맑음'이다. 산우들과 눈 속에 빠지며 걸었던 일이 생각나고 고등학교 학우들과 신년 산행 때는 손발이 몹시 아리게 춥던 기억도 있다. 학회 산행 때 폭염 속에서 땀이 흘러 시야를 가릴 정도의 고행이었는데 서늘하도록 찬 계곡을 만나 족탕을 즐겼던 일, 봄에 석굴암 앞에서 바라본 오봉은 또 어땠는가, 연초록으로 신비롭기까지 했었다.

탱크 저지 방호벽 구간을 넘어 우이동 방향의 널찍한 휴식처에서 쉬기로 하고 둘러앉아 가져온 간식과 음료를 꺼냈다. 휴식을 취하기도 하고 맑은 가을 햇볕을 받아 절정을 이룬 단풍 아래서 폼 나게 인증샷도 담았다.

그런데 저편에 앉아 시끄럽게 머물던 초로의 여인들이 시끌벅적하며 떠나갔다. 잠시 후 보니 그들이 떠난 자리에는 쓰레기들이

어수선하게 널려있지 않은가. 잔반이며 비닐봉지며 음료순지 막걸린지 탁자 위에 흥건했다. 우리 박 회장님은 이러면 안 된다는 말도 없이 묵묵히 정리하여 우리의 쓰레기봉투에 담고 탁자 위도 말끔하게 닦아냈다. 우리에겐 산행할 때 나름대로 몇 가지 묵시적 약속이 있다. 옷은 깔끔하게 입자, 산에서는 동물도 놀라게 하지 말자, 머문 자리는 흔적 없이 정리하자…. 젊은이들에게 모범을 보이는 어른으로 후손에게는 자연을 깨끗이 넘겨주자는 생각이다.

우이령牛耳嶺은 서울 도봉구 쌍문동에서 우이동으로 가는 고개인 데서 유래된 이름이다. 소의 귀처럼 양쪽이 늘어져 있는 계곡 모습에서 소귀고개, 즉 우이령이라고 이름하게 되었다고 한다. 서울 강북구 우이동과 경기도 양주시 장흥면 교현리 사이를 있는 고개이다. 양주에서 서울까지 빠르게 갈 수 있는 지름길이었다. 하지만 1968년 김신조 일당 무장공비가 청와대를 겨냥해 습격한 1·21사태 이후 폐쇄되면서 서울 양주 간 통행이 금지되어 많이 불편해졌다. 2009년 7월 10일에야 탐방객 수를 제한하는 조건으로 개방되었다. 고갯마루에는 탱크 저지용 장애물이 아직도 설치되어 있다.

코로나19는 사람을 가두는 대신 자연을 가꾸기에 힘쓴 듯 예년

보다 더 농염하게 산을 물들여 놓았다. 하늘은 더 높다. 오봉의 오 형제는 우애가 더 돈독해 보인다.

비단길같이 경사가 완만한 길을 걷노라니 4년 전 이맘때 벽산님과 함께 산행한 기억이 끼어들어 가슴을 아리게 한다. 건강이 좋지 않던 때의 나들이여서 걱정을 했었는데 하산 도중 낙상까지 하여 고생한 날이었다. 그는 1년 후 찬비 내리는 날에 홀연히 우리 곁을 서둘러 떠나고 말았다, 누가 재촉이라도 하듯이. 열사의 중동에서 모래바람 맞으며 3년간 동고동락한 룸메이트였고 우리의 산행 멤버로 오랫동안 등산도 같이해서 정이 들 대로 들었기에 더욱 그리워진다. 붉은 단풍 아래서 환하게 웃던 벽산 형님이 더욱 생각나는 밤이다. 아둔한 듯하지만 가장 순진한 웃음을 짓는, 법이란 말 자체가 불필요한 사람이었다. 그림을 잘 그려 미술을 전공하려다 건축을 전공하여 설계를 업으로 살아온 터였다.

곧 달려와 "평산, 요산! 함께 산에 오르세!" 하고 부를 것만 같다. "여보게 친구들! 이 좋은 가을을 많이 즐기다 오게나." 하고 또 다른 이야기가 들리는 듯도 하다. 가을이 붉은 슬픔의 피를 온 산 위에 토해내고 있다.

정월 대보름의 한라산

올해도 지난해에 이어 봄을 봄같이 느끼지 못할 것 같다. 중국 우한에서 발생한, 보이지도 않는 미물의 습격으로 우리나라뿐 아니라 전 세계가 혼란스럽다. 일상이 깨지고 많은 희생자들이 매일 쏟아져 나온다. 마스크 쓰기와 사회적 거리 두기를 최고의 백신으로 여기고 살아가는 날이 이어지고 있다. 집단 모임이나 다중이용시설 이용도 제한되고 있다. 우리의 일상도 모두 낯선 모습으로 변해가고 있다. 다른 나라들은 이미 시작한 백신 주사를 우리는 이제야 준비하고 있다.

맘대로 집 밖을 나다니던 날이 그립고 친구들과 등산을 하며 건강을 다지던 날이 얼마나 감사한지 새삼 느끼게 된다. 집안에만 머물기가 지쳐가는 요즈음은 눈치껏 자연을 찾아 산으로 나간다.

사람이 자연에서 왔듯이 자연에서 건강을 찾는 일이 당연한 것인지도 모르겠다.

어제는 달이 제일 크다는 정월 대보름이었다. 나는 친구님과 백제의 옛 도읍지 부여 부소산성을 찾았다. 산책하기 좋게 정돈된 길인데다 수림이 우거지고 백제의 숨결까지 느낄 수 있어서 가끔 찾아가는 곳이기도 하다.

낙화암을 끼고 산성 둘레를 천천히 걸었다. 서울의 북한산이나 대전의 계룡산같이 산객들이 많지도 않다. 한적하고 고요해서 묵언 수행하며 탑돌이를 하듯 걷기에 안성맞춤이다. 더구나 사람조차 무서운 코로나 정국 아닌가.

산에서 내려와 인근의 식당으로 들어가니 온통 꽃이었다. 거리두기 수칙을 지키느라 한 칸 건너마다 꽃바구니를 놓은 것이다. 식단도 색달랐다. 정월 대보름이라며 오곡밥이 제공되었다. 오곡밥을 먹으며 수년 전, 한라산 등반 기억이 되살아났다.

그날도 정월 대보름이었다. 어느 여행사에서 이벤트 행사로 '정월 대보름 한라산 등반대회'를 개최한다는 공고를 보고 산행친구들과 참여하게 되었다. 당일 코스의 행사로 아주 빽빽한 일정이었다. 김포공항에서 새벽 비행기로 출발하여 한라산 종주를 마친 후 저녁식사를 하고 항공편으로 김포를 거쳐 집으로 돌아오는 일정이었다. 불가능할 것 같은 일을 대중교통을 이용하여 해낼 수 있었다는 게 지나고 나서도 믿어지지 않는다. 한라산 성판악을 시작으로 진달래휴게소에서 발열 도시락으로 점심을 먹고 백록담을 넘어 관음사를 지나는, 8시간이나 소요되는 만만찮은 코스였다.

300명이나 되는 내로라 하는 산객들의 행렬은 한라산의 웅장함만큼이나 대단했다. 한라산 하얀 눈길로 빨려드는 형형색색은 장관을 이루었다. 속도가 빠른 선두를 따르자니 벅차기도 했지만 평소 우리의 페이스를 유지하다 보니 무리 없이 따를 수 있었다. 그런데 끝없이 이어지는 너덜길이 발바닥을 고통스럽게 했다. 게다가 며칠 전 내린 폭설로 쌓인 눈이 오를수록 점점 많아졌다. 산중턱에 이르자 이정표며 가드레일이 눈 속에 묻혀 발자국만이 유일한 길라잡이였다. 백록담에 오를 때까지는 포기할까 망설이다가도 다시 종주를 다짐했다. 묵언수행하듯 한 걸음 한 걸음 올라갔다. 드디어 1,950미터 정상에서 백록담에 담긴 눈을 바라보니 감탄사가 절로 나왔다. 수많은 까마귀들도 멀리서 날아온 진객들을 까악까악 환영하며 맞이했다, 정상의 맑은 하늘 아래서 간식을 먹었다. 금강산도 식후경이라고 에너지를 충전하고 나니 사방이 새롭게 눈에 들어왔다. 눈 속에 피어오른 상고대가 햇빛에 반사되어 날리니 무지개까지 피어올랐다.

웅장한 산세에 태곳적 전설을 떠올렸다. 사슴을 쫓던 인간이 사냥에만 정신이 팔려서 한라산을 관장하는 옥황상제 구역을 침범하게 되었다. 평화롭게 나뭇잎을 뜯어먹는 사슴을 발견하고는 욕심껏 날린 화살이 빗나가 옥황상제를 맞췄다. 겁이 나 도망치는 사냥꾼에게 옥황상제는 한라산 봉우리를 집어던졌는데 지금의 산방산이 그때 던진 한라산 봉우리란다. 한라산 정상이 움푹 패인 연유를 생각하자니 백록담이 새롭게 보였다.

전설인 양 우매한 우리는 구상나무 군락지의 구름 사이 눈 속을 들락거리며 절경에 넋을 잃었다. 그런데 근래에 구상나무가 자꾸 고사한다고 한다. 나는 잠시, 화살을 마구 날린 욕심 많은 사냥꾼이 되어 죽어가는 구상나무를 생각했다. 안타까운 일이다.

관음사 방향으로 서둘러 내려가는데 경사가 급하여 눈길을 가는 발길은 더디기만 했다. 개중에는 아이젠이나 등산 스틱을 준비하지 못한 여성 산객들이 있었다. 어느 남성분이 자기 스틱과 아이젠을 벗어주기도 했다. 이렇게 상부상조하여, 시간만 조금 지연되었을 뿐 모두 안전하게 하산했다.

오곡밥으로 저녁식사를 하고 보름달을 보며 제주공항으로 이동했던 기억이 되살아난다. 제주에서 묵언으로 바라보던 보름달,

300여 명이나 되는 사람들이 어울려 자연과 함께한 하루가 더없이 감사하여 숙연해졌다.

보름달을 보며 한라산의 구상나무 군락을 회복시켜달라고 빌었다. 구상나무의 혜택을 더는 누리지 못할 날이 올지도 모른다는 생각을 하니 모든 자연이 더욱 소중하다. 자연의 마음을 인간이 좀더 헤아려야 한다는 생각을 하며 친구와 둘이서 부소산을 내려왔다.

푸른 호수

공기가 청량하다. 지난밤에 내린 비가 정화해 준 새벽공기를 가르며 버스는 앙가라강으로 달린다. 강물이 흘러 들어가는 리스트비얀카를 향해 달린다. 바다, 아니 호수의 맑은 물은 견디다 못해 앙가라강으로 밀려들어 온다. 먼동이 트고 불그레한 햇빛이 새색시 볼 같다.

블라디보스토크에서 비단산(緋緞山, 일명 피단산) 산행의 긴 여운을 싣고 시베리아횡단열차는 장장 12시간을 달려서 하바롭스크에 왔다. 오는 길의 주변은 툰드라라 했는데 여름인지라 풀들이 무성하고 자작나무 숲이 끝없이 펼쳐졌다가는 멀어져 갔다. 비단산에서 힘든 트래킹으로 보낸 하루의 피로를 덜컹거리는 열차가 달래주니 기분이 상쾌해졌다.

하바롭스크에서는 이르쿠츠크로 슝하고 점프했다. 트래킹을 위해 이곳에 온 것인데 비행시간만 세 시간은 소요된 듯했다. 밤하늘의 어둠을 뚫고 로컬 비행기는 덜덜거리며 내려앉았다. 그사이에 졸음은 밀려오고 꿈속으로 빠져들었다. 웬일인지 어렸을 때 산판에서 일하던 벌목공들이 나타났다. 그들은 시베리아 벌판의 벌목공들로 변해 있지 않은가. 화들짝 놀라 깨어나니 웬 허망한 꿈인가? 우리는 비몽사몽 잠결에 낯선 땅 이르쿠츠크에 던져졌다. 연해주의 교포들, 사할린 교포들이 어둠 속에 이렇게 버려졌을까. 발해의 유적지가 다가오고, 사할린 교포가 내 가슴으로 달려오고 있기에 가슴이 무거웠다.

옛 발해의 영토였을 연해주가 언제부터 어떻게 러시아 땅이 되었는지를 생각하면 가슴이 아려진다. 연해주의 고려인들, 강제로 끌려간 사할린 교포는 어떤가. 50만 명이 넘는 교포들은 영문도 모른 채 낯선 동토의 허허벌판에 버려져 살아가고 있다. 제2차 세계대전 당시 일본 제국주의의 만행으로 낯설고 물선 곳으로 강제로 끌려가 벌목이나 탄광노역을 했다. 나라 잃은 설움을 피해 국경을 넘은 이들은 어딘지도 모르는 동토의 이역만리 여기저기에 쓰레기처럼 버려졌다.

많은 여행객들은 들뜬 여행을 즐기고 있었다. 하나 짐짝만큼이나 무거워진 내 마음도 비행기 트랩을 내렸다. 이르쿠추크 공항 사위도 덩달아 우울한 듯 축축해 보였다.

호텔에서 잠깐의 눈 붙임을 하고 새벽 시간에 다음 일정을 향해 분주하게 서둘러 버스에 올랐다. 여행이란 언제나 그렇듯이 설렘과 긴장감이 피곤함과 함께했다. 비단산행에 이어 두 번째 트래킹에 나서는 날이긴 해도 늘 그림자처럼 긴장이 따라다니기는 마찬가지였다.

이곳은 유럽인들도 선호한다는 트래킹 코스 중 한 곳으로 손꼽히는 곳이다. 그런 연유로 다른 모습의 인종들을 만난다. 처음 보는 사이인데도 서로 밝게 목례하며 스쳐간다. 리스트비얀카를 출발하니 전날 내린 비로 트래킹 중에 만난 싱그런 작은 참꽃이 눈인사를 했다.

첫눈에 들어온 바이칼호수! 물안개가 걷히고 햇빛이 비치자 윤슬이 아드리아해의 물결보다 고왔다. 호수가 아니라 아득한 수평선의 바다였다. 물범 가족들만이 연신 물속을 들락거리며 호수임을 말해준다. 시간이 지나면서 물과 하늘은 일체가 된다. 푸른 호수는 점점 더 푸르러진다. 혹시 강제 이주된 교포들의 눈물이 모여 호수를 이루지 않았을까. 산길을 넘고 돌아 걷는다. 발이 가는 곳마다 자연이 만들어준 꽃밭이 장관이다. 이 꽃들은 교포들의 화신은 아닐까. 키 작은 해당화, 조그만 진달래, 붓꽃, 보랏빛 매발톱, 탐스럽게 무리진 금계국, 지천에 깔린 다육이, 은쑥, 와송 그리고 이름 모를 야생화들이 온 산과 들을 꽃밭으로 수놓고 있었다.

나 하나 꽃 핀다고 온통 꽃밭이 되랴
너 하나 꽃 핀다고 온통 꽃밭이 되랴
나 꽃 피고 너 꽃 피면 온통 세상이 꽃밭이 되는 것을!

수려하게 하늘 높이 솟은 나무들의 자태는 어찌 그리 고고한지. 소나무, 전나무, 낙엽송은 하늘이 너무 낮아 보일 정도였다. 자작나무 숲은 어떤가. 자작나무들을 바라보며 걷노라니 시베리아 벌판에 산다는 시베리아 호랑이가 떠올랐다. 멀리 숲속에 호랑이 형상이 보이는 듯했다. 가까이 가서 보니 자작나무의 군락이 호랑이 무늬 형상을 하고 있는 것이었다. 그래서 호랑이는 보호색으로 자작나무 무늬를 한 것이 아닌가 싶다.

공기는 숲에서 내뿜는 산소와 피톤치드로 상쾌하고 시원했다. 호수에서 불어오는 바람은 걷기에 지친 이의 땀을 식혀준다. 허기진 몸에 활력을 넣어주는 도시락 점심을 삼키는데 목을 턱 막는다. 그 옛날 교포들의 굶주림이 목을 메이게 한다. 굶주림과 추위에 시달리며 이렇게 무성한 나무들을 베고 운반했을 벌목공들의 고통이 어떠했을지 상상만 해도 가슴이 저려온다. 말조차 통하지 않는 이역만리에 끌려와 처절하게 살았을 임들을 생각하며 호수의 푸른 물결을 보았다. 한밤중 동토에 내팽개쳐진 고려인들을. 호수에 대고 외쳐본다. "나라를 잃었던 설움을 너는 알고 있느냐?"

아직도 고향에 가지 못하고 낯선 땅에 묻힌 그들의 혼을 달래주려는 이는 있는가. 후예들은 대를 잇지 못하고 러시아인의 후예로 변해 가는데 50만 교포를 품어줄 힘을 정부는 가졌는가?

호수 속의 섬, 알혼섬으로 이동할 다음 날의 여정을 잊은 채 호수의 푸른 물이 머리에서 떠나지 않는다.

뱀골 철쭉

코로나19로 인한 거리 두기 생활은 지속 중이다. 아무도 모르게 살며시 현관문을 열었다. 문밖의 공기가 오늘따라 유난히 상쾌했다. 콧노래가 절로 나왔다. 한참 만에 나선 산행이었다. 옛 친구들과 호젓하게 만났다.

싱그러운 5월 초의 하늘은 연초록으로 물들어가고 간간이 파란 하늘색이 빈틈을 보정해 주고 있었다. 흐르는 계곡물은 쫑알쫑알 알 수 없는 속삭임으로 말을 걸어온다. 넓은 돌판 위에 배낭을 내려놓고 다리를 쭉 뻗어 본다. 살랑거리는 바람에 인사를 보낸다. 저 산에서는 장끼가 우렁찬 울음으로 까투리를 찾는다. 이 산에서는 꺼병이를 데리고 가는지 까투리가 버스럭거린다. 까마귀도 덩달아 울어댄다. 부리가 긴 물총새는 짙푸른 날개를 치며

훽 날아가 저만치 둠벙 앞에 내려앉는다.

이렇게 무릉계의 시간은 함초롬한 웃음을 머금은 열세 살 소녀의 수줍음같이 펼쳐진다. 오르는 초입부터 연분홍 고혹한 자태가 자꾸 발길을 멈춰 세운다. 핑크빛의 고고함은 활짝 핀 이팔청춘 같기도 하다. 수없이 오고 간 이곳에서 이렇게 장관을 본 적이 있었던가. 능선에 오르는 내내 온 산이 핑크빛이다. 누가 밤새도록 연분홍 물감을 풀어 놓았는지. 은은함이 황홀함을 연출하고 있구나.

오르는 산행 길은 남향받이라서인지, 계절이 빨라서인지, 분홍빛 물감이 뚝뚝 떨어지고 있었다. 능선에 가까워져 가니 더 찬란한 분홍이 유혹한다. 청춘 시절에 어느 누구한테 이런 유혹을 받아본 적이 있었던가. 오늘 나는 연분홍 치마에 휘둘려서 헤어나지 못하고, 계곡을 향해 첫 발을 내딛는 순간에는 정신을 잃을 뻔했다.

무릉계武陵溪로 가는 길이 험난함을 느끼기는 처음인 듯하다. 유혹이 많아서 험난함을 지나 지난하다. 계단 난간에 기대고 서서 심신을 정비하고 계곡 쪽을 내려다보니 더 황홀했다. 응달에 도열한 임들마저 고고함으로 나를 유혹하고 있으니 내가 당하지 않고는 무슨 용빼는 재주가 있으랴!

얼마 전에 화려한 벚꽃 아래서 사진을 찍어 인화를 했는데 사진관 주인의 말에 의하면 흐린 날의 사진이 훨씬 잘 나온다고 했다. 아하, 그래서 북쪽으로 향한 산의 꽃님들이 더 선분홍으로 유혹하는구나!

이제는 정신을 차리고 핸드폰에 눈 맞춤을 시키기 시작했다. 계곡을 내려가도 선분홍 홍수는 계속 이어지고 있다. 가정假定도 과거過去도 아닌 지금 눈앞에 펼쳐지고 있는 것이다. 복숭아꽃만이 무릉계 즉, 무릉도원의 주인이 아님을 오늘에야 알았다. 이런 적은 일찍이 없었다. 산철쭉의 유혹은 이랬다.

정점을 찍고 내리달리는 우리네 인생은 어린아이로 돌아가는 길이라고 하였던가. 그런데 이건 동심도 아니요, 청춘의 심정에 가깝다고 해야 할까. 종잡을 수가 없다. 꽃들은 인간을 간사스럽게 만드는 풍각쟁이 같기도 했다. 시작이 어디인지 알 수도 없다.

성당盛唐 시기의 두보杜甫가 음중팔선飮中八仙의 한 사람으로 꼽았던 장욱(張旭)의 시 〈도화계桃花溪〉가 떠오른다.

隱隱飛橋隔野煙 은은비교격야연
石磯西畔問漁船 석기서반문어선
桃花盡日隨流去 도화진일수류거

洞在青溪何處邊 동재청계하처변

물안개 너머로 무지개다리가 어렴풋한데
서쪽 언덕 물가에서 고기잡이배를 향해 묻네.
복사꽃이 종일토록 물 따라 흘러가거늘
골짜기는 맑은 시내의 어디쯤 있는지요?

물에 떠내려오는 도화桃花를 보고, 별천지가 상류 어디에 있다고 짐작하고, 어부에게 묻는다. 여기에 등장하는 어부는 무릉도원을 알고 있으리라. 장욱이나 도연명이 찾아간, 아니 상상 속의 그들의 IDEA(무릉도원)도 여기에 견줄 수 있을지!

수년 전에 갔던 삼각산 진관사계곡三角山 津寬寺溪谷의 꽃잎 흐르는 물줄기 따라 올랐던 S폭포를 지나 우리의 무릉도원을 찾아 험하고 험한 절벽을 간신히 넘고 넘어 찾아간 그곳, 꿈속에서 본 그곳! 무릉도원보다 더 나를 유혹하지 않는가. 그때의 감회는 이러했었는데….

잔잔한 물 위에 흐드러지게 널린 꽃잎들,
물에 잠길 듯 말 듯
바람에 의지한 채

흔들거리는 철쭉들의 향연,
흐드러지게 피었을 벚꽃의 열매는
벌써 녹두알만큼 꽃술을
채 벗지 못하고 들키고 말았다.
절벽의 바위 틈바구니에서 흐르는
크지 않고 적당한 폭포수의 노래 소리,
절벽에 알알이 박힌 돌단풍의 고혹한 자태,
바람타고 오는 보이지 않는 은은한 솔향기,
멀리서 들려오는 짝을 찾는 새들의
휘파람 소리,
유유히 헤엄치던 원앙 한 쌍이
우리 선인仙人들에게 자리를 비켜 주며
속세로 피신을 한다.

우리가 매년 찾는 무릉도원 중 한 곳이다. 하지만 오늘 찾은 뱀골의 철쭉이 벅차오름을 억제할 수 없을 정도로 오히려 장관이었다.

꽃 산행

꽃을 찾아 북한산을 찾았다. 건강 때문에 가지 못하던 곳, 처녀림을 밟는 심정으로 발을 조심스럽게 내디뎠다. 산에만 오면 마음이 포근해진다. 온 근심을 다 받아주고 다독여줘서일까. 중국 사천의 산천을 두루 섭렵한 청련거사 이백도 그러한데 어찌 낸들 산에 아니 올 수 있겠나!

야트막한 산이나 들에서는 이미 벚꽃과 진달래, 목련들이 이운 지 오래다. 산의 높이에 따라 꽃의 개화 시기가 달라진다.

어제는 북한산성 입구에서 출발하여 대서문, 중성문을 통과하였다. 차로가 아닌 계곡을 따라 흐르는 길은 봄을 맛보려는 상춘객들로 긴 행렬을 이루며 혼잡했다. 전날 내린 봄비로 계곡은 와르르 쏴아, 힘찬 합창을 했다. 그 소리가 시원한 공기를 타고 울려 퍼졌다. 아무리 사람이 만든 가락이 아름답다 한들 자연의 소리를 흉낼 수 있을까. 물소리가 그렇고, 바람소리가 그렇고, 새소리가 그렇다. 흘러가는 구름소리, 꽃들의 향연은 어떤가. 이백도 자연의 아름다움에 감히 인간으로서는 따를 수 없음을 노래했다.

日照香爐生紫烟 햇빛은 향로에 비치어 안개 일고 있는데,
遙看瀑布掛前川 멀리 폭포를 바라보니 앞내에 걸려 있구나.
飛流直下三千尺 날아 흘러 3천 척을 곧장 떨어지나니,
疑是銀河落九天 은하가 구천에 떨어지는 것 아닌가 의심스럽구나.

이백은 세속으로부터 벗어나 유선游仙의 생활을 하였다. 그의 구선求仙의 마음은 진실하였으나, 도교를 믿지 않았고 도경을 학습하지도 않았다. 왜냐? 그는 한 유랑자로서 과거나 미래에 대한 관심을 두고 있지 않았고, 오로지 현재 인생의 쾌락을 추구하였기 때문이었다. 이백의 천성은 호쾌하여 사람들과 쉽게 사귀었다. 돈 쓰기를 꺼리지 않고, 술을 좋아하여 가는 곳마다 친교를 맺을 수 있었다. 위로는 왕공, 귀족, 관리, 아래로는 주옹酒翁, 낚시꾼, 승, 도인 등 남녀노소를 막론하고 사귀지 않는 사람이 없었다.

이렇듯이 잡다한 교류를 가져 시의 내용 및 격조가 매우 다양하였다. 특히 유명한 하지장賀知章, 맹호연孟浩然, 두보杜甫, 고적高適,

장욱張旭, 공소문孔巢文, 오균吳筠 등과의 시교詩交가 대단히 깊었다. 이백에게는 술보다 더 좋은 것은 없었다. 두보의 〈주중팔선가酒中八仙歌〉에서 "이백은 한 말 술이면 시가 백 편, 장안의 술집에서 잠을 자네. 천자가 불러도 배에 오르지 않고, 자칭하여 신은 주중선이란다(李白斗酒詩百篇, 長安城裏酒家眠. 天子呼來不上船, 自稱臣是酒中仙)."라고 하였듯이, 술이 없으면 시가 없었다. 얼마나 낭만적인가.

〈월하독작月下獨酌〉에도 역력하다.

> 花間一壺酒, 獨酌無相親.
> 꽃 사이에 한 동이 술을 놓고, 홀로 잔 기울이는데 대작할 벗이 없구나.
>
> 擧杯邀明月, 對影成三人.
> 잔을 높이 들어 밝은 달 맞이하니, 달과 나와 그림자가 합하여 셋이 되었네.
>
> 月旣不解飮, 影徒隨我身.
> 달은 원래 술 마실 줄 모르고, 그림자만 나를 따라 마신다.

산성 입구에 들기 전부터 들려오는 청아한 계곡의 소리가 귀를 정화시켜주고, 펼쳐지는 풍경 앞에 "연분홍 치마가 흩날리더라"라는 유행가 가사를 연상시키는 도화桃花가 꽃비로 내리며 눈을 홀린다. 산들거리는 춘풍은 살갗을 간지럽게 어루만진다. 더욱 혼미하게 마음도 빠져든다.

"아아!"

계곡물 소리에 빠져 걷는 도중 일행이 "저기 바위 밑에 무어지요, 대장님?" 하여 자세히 보니 원앙鴛鴦 한 쌍이 한가로이 노닐고 있는 것이 아닌가. 자맥질을 하며 빙빙 돌기도 하고 입맞춤도 한다. 이들도 도화 물결 위 원앙금침에 수를 놓고 있는 것인가.

한 시간의 행보에 체온은 오르고, 눈이 닿는 곳마다 백화百花가 만발하였다. 벚꽃과 복숭아꽃이 어우러지더니 어느새 병꽃과 귀룽나무 꽃도 성급히 도열하여 춤을 추고 있다. 폭포수 아래에는 돌단풍들이 하얀 이를 드러내며 웃고 있다. 자색 제비꽃은 한 시간을 걷노라니 노란색으로 생태계가 변해 갔다.

드디어 휴식 시간이다. 긴 행군 후 맛보는 떡, 과일 등 간식은 꿀맛이었다. 몸은 더 상쾌해지고 새소리가 흥에 장단을 맞춘다. "고추밭에 또도령!"

시원한 냉골을 지나서 부황사지 입구로 들어서려는 순간 하얀 은하수가 쏟아지는 줄 알았다. 눈부신 벚꽃들이 이제 만개하여 전날 비에도 휘둘리지 않고 우리를 기다리고 있었나 보다. 벚나무들은 밤하늘의 은하수보다 더 화려했다.

부황사지에 접어들자 급경사로 이어지고 연초록 나뭇잎들이 피어나기 시작한다. 해발고도 500미터를 넘는 곳의 풍경 중 하나다. 이곳의 벚꽃은 아직 눈을 비비는 중이고 이제 진달래가 한창 만발하였다. 진분홍의 봉오리를 살짝 만져 보니 보드라운 촉감이 아주 독특했다. 여름이면 돌단풍이 아름다운 골짜기, 무덥던 여름날 물놀이하던 터도 들러보고 지나왔다. 길섶에는 흰색제비꽃이 피어나고 있었다. 산부추와 원추리는 초록 잎을 밀어올리고, 붓꽃도 예쁘게 피어 산객을 반긴다.

12성문 중 하나인 부암동암문에 오르니 탁 트인 전망 앞에 사모바위가 손에 잡힐 듯 지척에 있다. 청명한 날씨는 답답했던 가슴을 탁 열어준다. 2차 휴식을 하며 음식과 커피를 즐겼다. 출발한지 3시간이 지났다. 성벽도 옛 모습 그대로인데 나만 늙어가는구나. 이백은 혼자서 독작을 했다는데 우리는 꽃들과 벗하며 대작을 한 칠유암 위의 선인들과 비교해도 손색이 없지 않은가. 이런 마음에서 오늘이 즐거워야 한다고 노래하지 않았을까! 좀더 먼 길을 걷고 싶었지만 일행들의 합의로 가까운 코스를 택했다. 그래도 하산하는 데만 2시간은 넘게 걸릴 코스로 깎아지른 듯 급경사 너덜길이기에 정확한 시간은 예측이 안 되었다.

하산길을 재촉한다. 통행이 적은 곳이라 길을 찾는 것도 쉽지 않았지만 짜릿한 감회는 남달랐다. 한 시간을 내려오니 비교적 편한 길에 다다르고 또 다른 화창한 벚꽃 군락지를 만났다. 우리는 넓은 바위 위에서 한바탕 꽃 향연을 펼치고 놀았다. 소크라테스가 제자들과 벌였다는 그 향연도 이렇게 아름답지는 않았을 것이다. 자연 속에 오가는 언어의 유희도 현란했다. 꽃에 취해 떠나기가 아쉬워 마음은 두고 일어섰다.

수녀 이해인의 〈사월의 시〉를 되뇌어본다.

> 눈이 짓무르도록 이 봄을 느끼며/ 가슴이 터지도록 이 봄을 즐기며/ 두발이 부르트도록 꽃길 걸어 볼랍니다.

설악산 만경대

10월의 어느 날, 어둠이 가시기 전 배낭을 등에 메고 현관을 나섰다. 아직 여명黎明은 먼 듯 사위는 잠들어 고요했다. 어제 내리던 비는 말끔히 멎었다. 전철에 올라타니 사람들이 듬성듬성 앉아 졸고 있다. 매일 아침 띄우는 카카오톡을 오늘은 간단하게 몇 분한테만 보냈다. 빡빡한 산행일정으로 마음이 분주했기 때문이리라.

내 마음은 설렘과 약간의 걱정이 교차하고 있었다. 등 떠밀려 등산대장을 맡게 되었기 때문이기도 했다. 하루에 내설악 만경대를 찍고 속초에서 저녁 회식을 하고 돌아오는 일정을 소화해야 했다.

잠실역에서 집결하여 한 친구님의 차량으로 아침 공기를 가르며

경춘고속도로를 달렸다. 나이 든 친구들은 모두 어린애가 되었다. 한창 일하던 젊은 시절로 돌아가기도 했다. 그래도 제일의 화젯거리는 건강한 여생이었다.

이야기꽃을 피우다 보니 어느새 백담사에 당도했다. 백담계곡을 걸어 오르기 시작했다. 백담百潭이란 맑은 담潭이 백 개라는 뜻으로 골이 깊어 흐르는 물이 많고, 계곡 또한 깊고, 담이 많다는 뜻이다.

애초 우리의 계획은 남설악 만경대 코스 등산이었다. 그곳은 1970년 3월 설악산국립공원으로 지정된 이래 46년 만에 처음 개방이다. 그것도 단풍철만 한시적으로 개방하는 것이었다. 그러다 보니 매일 인산인해로 남설악 만경대 오르는 일이 말이 아니라는 뉴스가 연일 보도되었다. 그곳을 다녀온 사람들도 대부분이 발길을 돌려 다른 코스를 등산했다고 했다. 그래서 우리는 설악의 조망대 세 곳 즉 만경대 중에서 조망이 가장 으뜸인 내설악 만경대를 오르기로 계획을 변경했다.

설악산 국립공원에는 세 곳의 만경대萬景臺와 세 곳의 단풍명소가 있다. 세 곳 만경대는 외설악, 내설악, 남설악 지구에 있는 조망지대이다.

속초시 설악동 방면 외설악 지구의 만경대는 화채능선의 화채봉에서 양폭으로 내려오는 길 중간쯤에 있다. 천불동 계곡과 공룡능선을 조망할 수 있다.

인제군 북면 용대리 방면의 내설악 지구에 있는 만경대는 오세암 바로 앞의 해발 922.2m 봉우리이다. 이곳에서는 내설악의 용아장성능선, 공룡능선, 나한봉 등의 절경이 한눈에 들어온다. 그리고 공룡능선을 조망할 수 있는 신선대, 가야동 계곡의 천왕문, 중청, 귀떼기 청봉, 내설악이 품은 곳에 자리한 오세암 등이 잘 보인다.

양양군 서면 오색리 방면에 있는 남설악 만경대는 흘림골과 주전골 사이에 자리 잡고 있다. 정상에는 가로, 세로 5m의 전망대가 있어 독주암과 만물상 등 작은 금강산으로 불리는 남설악의 빼어난 경관을 한눈에 볼 수 있다. 이곳이 바로 이번에 처녀 개방한 만경대이다. 개방한 코스는 오색약수터, 선녀탕, 용소폭포를 거쳐(3.4㎞), 만경대, 오색약수터 구간(1.8㎞)이다.

만경대는 모두 하나의 돌로 이루어진 절벽이고 그 아래에는 땅이 없다. 설악 최고의 봉우리이다. 그중에 내설악 만경대가 특히 조망이 뛰어난 전망대로 꼽힌다고 한다.

세 곳의 단풍명소는 외설악의 천불동 계곡, 내설악의 가야동 계곡, 남설악의 흘림골을 친다.

우리 중 몇은 수년 전에 왔던 기억을 되살리기도 했다. 백담사에서 이어지는 등산로는 끝없이 흘러내리는 수정 같은 하천과 천년의 신비를 간직한 주목 등 고목들 사이로 길게 이어진다. 일주일만 일찍 왔더라면 불타는 단풍에 흠뻑 취해 봤을 텐데 게으른 단풍들만이 우리를 반겨 주고 있었다. 매년 우리는 10월 20일경 원행 산행을 해왔다. 오대산, 설악산을 주로 다녔었다. 그런데 작년에는 일행들의 사정으로 원행을 못했다. 도봉산의 송추계곡과 오봉 산행으로 대신했었다.

만경대 등정이 처음인 친구님들은 감탄을 연발하며 걷고 걸었다. 구룡소, 영시암永矢庵으로 이어지는 수렴동 계곡은 누구나 편히 걸을 수 있는 완만한 길이었다. 영시암에서 약수로 목을 축이고 오세암五歲庵을 향해 더 걸었다. 깊은 계곡으로 끝없이 빠져들어 갔다. 수많은 고목들은 빽빽하게 숲을 이루고, 천연 원시림을 따라 계곡의 물은 쉼 없이 흐르고 있었다. 오세암에 당도하여 좀 힘들어할 법도 한데 모두 원기가 넘쳤다. 비경에 취한 탓이라고 혼자 생각해 보았다. 거의 직벽 같은 만경대에 이르는 마지막 코스는 한 친구님과 둘이서만 올랐다. 형언할 수 없이 감개무량했다. 용아장성, 공룡능선을 바라보니 천상에 올라 있는 듯했다. 오세암이 바로 발아래 있는 듯이 눈에 들어왔다.

등산에서 올라가기는 힘들고, 내려가기는 어렵다는 말을 새삼 느끼는 순간이었다. 오를 때는 앞만 보고 나뭇등걸이나 바위의 홈을 손가락으로 단단히 잡고 오르면 어렵지 않게 올라갈 수 있었다. 되돌아 내려올 때는 경사가 너무 급하고 암반 위가 전날 내린 비로 젖어 훨씬 위험했다. 내려올 때 자세도 올라갈 때의 자세로 나무 등걸이나 바위틈에 손가락을 밀어 넣어 잡고 사다리를 내려오듯이 네 발로 한 발짝씩 내려디디며 내려와야 했다. 전에 오를 때는 이 코스가 이렇게 험하지 않았는데…. 언젠가 여름날에 비를 맞으며 오른 것까지는 공유했지만 등산로에 대한 기억은 누구도 되살리지 못한 채 하산길을 내려오고 말았다. 바윗길이 변할 리는 없었기에 세월에 순응하는 우리의 체력 탓이라 여길 수밖에 없었다. 설악 으뜸의 내설악 만경대를 오를 기회를 이제 더는 갖기 어렵겠다는 생각마저 들었다. 안전하게 힘든 고비를 잘 넘겨 그나마 다행이었다. 감탄과 감사의 말이 절로 나왔다.

영시암을 지나 내려오는 길은 부지런히 걸어야 했다. 거의 달리다시피 서둘렀다. 셔틀버스를 타는 곳에 겨우 도착하여 알록달록 등산 인파의 긴 줄에 합류할 수 있었다.

원래 계획보다 한 시간 넘게 늦어졌다. 늦은 대로 횟집에 도착하여 맛있는 저녁을 먹고 서울로 출발했다. 그래도 동료님들의 안전수칙을 지키면서도 서둘러 달려 준 운전솜씨에 예상보다 빠르게 잠실역에 도착할 수 있었다. 집에 도착한 시각은 자정을 넘기고 있었다.

염려했던 계획이 완벽하게 실행되어 행사책임자로서 감탄이 절로 나왔다. 함께한 옛 동료 용사님들도 모두 찬사를 아끼지 않았다. 참으로 길고 힘든 하루였지만 뿌듯함을 가슴에 품고 각자 집으로 돌아가 달콤한 꿈을 꾸었을 것이다. 내년 한 해의 건강을 보장하는 산행이라는 생각이 들었다.

무릉도원 가는 길

1. 길을 잃다

황금색으로 풍요롭던 들녘은 갈걷이가 끝나 휑하니 허허로웠다. 그동안 태풍과 긴 장마를 겪어낸 농부의 마음도 이제는 넓은 들처럼 평온하리라. 늦가을 날씨치고는 약간 차가웠지만 옷으로 단단히 무장했더니 생각만큼 춥지는 않았다. 연신내역에 내려 2번 출구로 나가니 좀 전까지 차창으로 보이던 들녘의 한가로움은 어디로 사라지고 긴 행렬이 에스컬레이터에 달려 올라갔다.

연신내역에서 산우님과 만나 연서시장 단골집에 들러 따끈한 잔치국수 한 그릇으로 아침의 시장기를 달랬다. 오늘은 수년 전에 다녔던 진관사 계곡 속에 숨어있는 무릉도원을 찾기로 했다. 오랜 산행 동지와 둘이서 단출하게 나섰다. 쉽게 갈 수 있다는 생각으로 나선 길이었는데 계곡을 따라 오를 때까지는 험한 바윗길이었다. 그래도 자주 다닌 길이라서 조심만 하면 된다. 이내 산행 루트를 벗어나 계곡으로 접어들었다. 한참을 오르고 나니 합수머리의 담潭에 이르렀다. 낙엽이 물길에 밀려가다 바위틈을 막아 큰 보를 이루었다. 가을 하늘도 울창한 송림松林도 그 안에 있다. 친구님도 나도 그 속에 빠지고 말았다. 이런 곳을 명경지수라 하였던가.

한참을 오르다 보니 길이 시나브로 숲에 묻히고 말았다. 길이 아닌 길을 걸을 수밖에 없었다. 예전에 분명히 우리가 걷던 길이어서 올라왔는데 큰 절벽이 길을 막고 있는 게 아닌가. 옆으로 돌아가보려 했지만 깊은 낭떠러지이다. 하도 오랜만에 찾아온 곳이라 지난날 기억을 애써 더듬어 봤다. 폭포, 계곡, 호수, 다 기억나는데 삼천사 쪽으로 넘어갈 길이 없다. 산객들의 흔적이 아예 없다. 십여 년 동안이나 우리가 오지 않는 곳이라 가시덩굴만 무성하여 한발 한발 내딛기조차도 버거웠다. 가시가 옷깃을 붙들고, 넝쿨들이 태클을 걸고, 바지에는 풀숲의 꽃가루며 흙먼지가 뿌옇게 달라붙었다.

겨울 해는 짧아서 산속은 어느새 땅거미가 내려앉았다. 할 수 없이 발길을 돌렸다. 다음에 역방향으로 추적하기로 하고 말이다. 어스름해서야 겨우 하산을 했다. 휴우, 한숨을 내쉬고 나니 다리가 후들거렸다. 소기의 목적도 이루지 못했지만 늦가을의 긴 산행으로 온몸이 뻐근해 왔다.

깎아지른 암벽 군데군데 얼음이 얼고 모서리에는 고드름이 달려 있었다. 계곡의 얼음 밑으로 졸졸 흐르는 물, 황톳길 붉은 흙을 들어올리는 성엣발, 그곳은 겨울에도 파란 이끼가 영하의 날씨를 아랑곳하지 않고 자라기도 한다. 초가을이면 뱀도 가끔 눈에 띄고, 봄이 되면 고비가 구석구석 자라는, 가까우면서도 아주 깊은 북한산 계곡의 무릉도원이다. 아무나 범접할 수 없는 곳이기에 더욱 신비로운지도 모른다.

나는 산이 좋다. 그래서 친구님들은 내 호號를 요산樂山樂水이라 지어주었고, 그렇게 불러댄다.

그럼에도 산은 아무때나 손을 내밀지는 않나 보다. 항상 그곳에 의젓하게 서 있는 산, 겨울 숲속의 파란 이끼는 시원하게 눈을 씻어주는 청량제요, 흐르는 물은 만고의 성상에 홈을 파고 또 파며 굽이굽이 흐르고 바위는 빙그레 웃으며 늦지 않게 서둘러 가라고 등을 굽혀 몸을 빌려준다. 비록 가고자 하는 데를 가지는 못했지만, 많은 것을 보고 느낀 산행이었다.

2. 길을 찾다

지난주에 헤매기만 하고 온 길을 다시 찾으러 집을 나섰다. 친구님과 의기투합하여 큰 도전이라도 하듯 다시 뭉쳤다. 절기는 겨울인데 가을인지 겨울인지 애매한 날씨다. 쾌청한 하늘은 높디높고 짙푸르다. 지중해를 하늘에 펼쳐놓은 듯하다.

그때처럼 시장 골목 잔치국수 한 그릇으로 흐뭇한 포만감을 느꼈다. 버스는 어느새 하나고등학교 앞에 도착했다. 삼천사로 들어가 산을 넘어 역추적해서 길을 찾아보기로 약속한 터였다. 진관사 초입에서 옆으로 조그만 산을 넘어야 삼천사 길을 만나게 된다. 삼천사까지 1시간을 걷고 나니 벌써 힘이 부쳤다. 다리도 아프고 몸은 천근만근이었다. 걷고 걸어 1시간쯤 후에 5부 능선 중턱에 섰다. 벌써 해는 중천을 지나고 있었다. 간식으로 허기를 달랬다. 그렇지 않으면 혈당의 변화를 이기지 못했을 것이다.

멀리 안산 너머 하늘을 보니 청명함이 그대로다. 늦가을 정취가 발길을 잡았다. 추운 겨울이 달갑지 않은 모양이다. 삼천사 길은 7, 8년 전쯤에 왔던 기억이 있다. 기암괴석의 절벽 사이로 흐르는 물이 폭포를 이루고 멀리 아름다운 산세와 푸른 하늘이 조화로웠다. 그러나 풍류를 즐기는 것보다는 지난주에 헤매던 길을 찾아 가야 하기에 지체할 수는 없었다.

다시 걷는 길은 길고도 험했다. 인적도 없다. 우리는 심산에 버려진 고아 같았다. 다시 한참을 헉헉거리며 오르고 올라도 지난주 오르며 헤맸던 진관사로 향하는 입구를 찾지 못하고 이곳인가, 저곳인가 우왕좌왕하며 사모바위까지 올랐다. 네 갈래 길을 찾아야 내려갈 방향을 잡을 수 있는데, 사모바위 옆인 듯도 했는데 가보면 아니었다. 가던 길을 되돌아와서 비봉 쪽으로 한참을 걷고 나서 오른쪽으로 네 갈래 길을 겨우 만났다. 마치 콜럼버스가 아메리카 대륙을 발견한 듯하였다. 계곡으로 접어들기 전에 마음의 여유가 생겨 충분히 휴식하고 간식으로 허기를 달래고 잠시 만추의 정취에 빠지기도 했다.

진관사 방향으로 내리꽂으면 될 줄 알았다. 그런데 또 길이 없어졌다. 옛길을 아예 찾을 길이 없었다. 다시 헤매기에 접어들었다. 불안 때문인지 지난주의 악몽이 스멀거렸다. 그때의 기억조차도 가물거렸다. 가시덩굴 속을 뚫고 계곡 따라 내려가 보기로 하고 길인 듯 아닌 듯한 곳으로 접어들었다. 그렇게 방향만 잡고 내려가니, 와! 드디어 우리만의 무릉도원이 환하게 열리는 게 아닌가! 그곳을 찾기 위해 산속을 오르고 내린 시간이 묘하게도 기쁨의 강도를 더해 가슴이 벅차올랐다. 친구님과 동시에 환호성을 질렀다. 이번에는 마젤란이 세계 일주를 하고 돌아온 기분이라고나 할까!

우리의 명당자리에서 수고한 '발님'의 휴식을 위해 등산화 끈을 풀고 양말까지 벗었다. 싸하고 청량한 바람은 긴장했던 땀방울도 식혀주었다. 배낭을 풀었다. 고구마, 떡, 과일 등 간식과 음료로 늦은 점심을 먹었다. 도연명이 쓴 《도화원기》의 무릉도원이 바로 이런 곳이리라. 비록 복숭아꽃은 다 졌을지언정.

이제는 길이 완연히 머릿속 내비게이션에 입력되었다. 바로 지난주 찾지 못한 길도 찾아 헤매던 지점에 도킹이 되었다. 아마 홍수로 길이 쓸려 내려가 지형이 변한 듯싶다.

지난 한 주간 뭉친 체증이 확 풀려 내려가는 기분이었다. 어느새 산속은 또 하루를 보내기 위해 어두운 산 그림자를 드리웠다. 새소리조차 조용한 깊은 골짜기이다. 내려오면서도 자꾸 뒤를 돌아보게 했다. 그날의 성취는 보내기 싫은 막바지 가을을 보내는 아쉬움을 상쇄하고도 남을 만큼 대단했다.

숨은 벽

아침에 현관을 나서니 상쾌했다. 전철역으로 가는 길가의 가로수는 가을이 아직 먼 듯, 아침 햇살을 받아 푸른 이파리마다 반짝거린다. 친구님과 북한산 숨은 벽을 등산하기로 했다. 이곳을 갔던 때가 언제였던가. 기억이 가물거린다. 아마 수년은 더 지난 듯싶다.

친구님과 나는 각각 큰 병을 얻어 수술의 고통도 겪고 몸의 변화만큼 마음도 달라졌다. 인생의 한 획을 긋는 전환점을 맞아 평생 약봉지를 끼고 살아야 할 처지가 되었다.

숨은 벽을 찾던 그때만 해도 청춘이었나 보다. 살아온 시간은 참 빨리도 지나갔다. 그런데 다가올 시간은 더 빠를 것만 같은 불안한 예감도 든다.

밤골 앞에서부터 추억을 되살려 오르기 시작한 지 두 시간 반 만에 숨은 벽 앞에 다다랐다. 마당 바위에서 인증 샷도 찍고 점심도 먹었다.

북한산 숨은 벽은 삼각산이라고도 불리는 북한산의 삼각을 이루는 가장 높은 세 봉우리 즉 백운대, 인수봉 그리고 만경대 중에 백운대와 인수봉 사이에 숨어 있는 암벽이다. 이 암벽에서 펼쳐지는 암릉을 숨은 벽 능선이라고 부르는데 가까이 가지 않고는 보이지 않아 숨은 벽이라고 한다. 산객들에게 잘 알려지지 않았던 곳인데 이제는 많이 알려져 찾는 이들의 발길이 끊이지 않는다. 그러다 보니 숨은 벽이 아니라 알려진 벽이 되고 말았다.

어쨌거나 숨은 벽의 늠름한 자태는 그 자리에서 위용을 떨치고 있었다. 사람은 태어나고 자라서 산을 찾다가 늙어 스러져가지만, 산은 철따라 옷을 갈아입으며 그대로 그 자리에 있다. 수만 년 아니 수억 년을 서 있으면서 변함없이 위용을 보여주는 산 앞에 우리는 진토처럼 서 있다. 웅장한 암릉 앞에서 자연의 위대함을, 인간이 작고 작은 존재임을 실감했다. 겸손을 배우라고 훈계하는 듯했다.

내려오다 보니 짙어가는 가을 산이 만산홍엽으로 불타고 있었다. 너무나 고와서 숨이 벅차고 덩달아 타오르는 가슴을 주체할 수가 없었다. 아래는 붉은 물결이 넘실거리고, 위에는 웅장한 암벽이 위용을 드러내니 설악산의 만경대도, 금강산의 일만 이천 봉도 부럽지 않은 자태다.

산 앞에서 나는 어떤 존재일까를 잠시 생각해 보았다. 한 우물을 파지 못하고 여기저기에 발을 담그고 지나온 나의 후반부의 삶이 또 다른 아쉬움으로 다가오는 것은 왜일까. 한 우물을 팠다면 또 어떤 모습의 내가 여기에 서 있을까. 그래도 한 가지, 산에 빠진 30여 년은 후회하지 않는다. 오늘 이 자리에서 숨은 벽을 마주하는 나를 만들어 주지 않았나. 그것으로 만족하고 그 외의 생각은 접어두기로 하자. 갈 수 있는 날까지 걷자. '오늘 걸으면 내일도 걸을 수 있다.'를 나의 지론으로 생각해 봤다. 와사보생臥死步生이라 하지 않던가.

내려오는 길은 깎아지른 듯한 절벽을 타고 이어졌다. 전에는 자연 상태의 길을 오르내려도 힘든 줄 몰랐는데, 북한산국립공원관리소에서 철제 난간을 설치해 놓았는데도 쉽지 않은 길이다. 그래도 난간에 의지하며 무사히 하산할 수 있었다.

지난달 하순에는 수필반 주관하에 백담사를 거쳐서 내설악으로 문학기행을 가기로 했었는데 난데없이 감기란 불청객이 찾아와 붙잡아대는 바람에 기행을 못 했다. 그러고 나니 너무나 아쉬웠다. 가을 산을 그냥 보낼 수 없어 친구님과 이곳에 오게 되었다. 기대 이상으로 절정의 순간을 맛보았다. 백담사 단풍을 놓친 아쉬움을 달랠 수 있었다. 며칠만 늦었어도 이런 순간은 없었을 것이다.

북한산 코스 중에서 우리가 다니는 긴 코스의 절경은 다섯 곳 정도를 꼽을 수 있다. 그리고 자칭 무릉도원이라 명하고 다니는 곳 또한 십여 곳 정도를 꼽는다. 이런 곳을 우리는 신선들이 살던 곳이라고 여긴다. 산에 담근 내 발은 더 산속으로 빠져들 것만 같다. 신선들이 왜 이런 곳에 유하는지도 조금은 알 듯도 하다.

임낙호 수필집

흔적

인쇄 2021년 7월 23일
발행 2021년 7월 30일

지은이 임낙호
발행인 서정환
펴낸곳 수필과비평사
주소 서울시 종로구 삼일대로 32길 36(익선동 30-6 운현신화타워 빌딩) 305호
전화 (02) 3675-3885 (063) 275-4000·0484
팩스 (063) 274-3131
이메일 essay321@hanmail.net
출판등록 제300-2013-133호
인쇄·제본 신아출판사

ISBN 979-11-5933-349-1 (03810)
값 13,000원

Printed in KOREA